P44
146
1317

LÉGENDE PONTIFICALE

LÉGENDE NAPOLÉONIENNE

PIE VII ET NAPOLÉON Ier

1800-1815

CHAMBÉRY

IMPRIMERIE CHATELAIN, 4, AVENUE DU CHAMP-DE-MARS.

1879

LÉGENDE PONTIFICALE

Légende Napoléonienne

PIE VII et NAPOLÉON 1ᵉʳ
1800-1815

Bossuet, l'illustre évêque de Meaux, prononçant en présence de Monsieur, frère du roi, l'oraison funèbre de Henriette-Marie de France, reine d'Angleterre, commençait son admirable discours par les paroles suivantes :

« Celui qui règne dans les cieux et de
« qui relèvent tous les empires, à qui seul
« appartient la gloire, la majesté et l'indé-
« pendance, est aussi le seul qui se glorifie
« de faire la loi aux rois et de leur donner,
« quand il lui plaît, de grandes et terribles
« leçons. Soit qu'il élève les trônes, soit
« qu'il les abaisse, soit qu'il communi-

« que sa puissance aux princes, soit qu'il
« la retire à lui-même et ne leur laisse que
« leur propre faiblesse, il leur apprend leurs
« devoirs d'une manière souveraine et di-
« gne de lui ; car, en leur donnant sa puis-
« sance, il leur commande d'en user, comme
« il le fait lui-même, pour le bien du monde;
« et il leur fait voir, en la retirant, que
« que toute leur majesté est empruntée ; et
« que, pour être assis sur le trône, ils n'en
« sont pas moins sous sa main et sous son
« autorité suprême. C'est ainsi qu'il instruit
« les princes non seulement par des dis-
« cours et par des paroles, mais encore par
« des effets et par des exemples.

« Maintenant, ô rois ! apprenez; instrui-
« sez-vous, juges de la terre ! »

Grande leçon pour les peuples comme pour les rois ! N'avons-nous pas assisté au spectacle de nations parvenues à l'apogée de la puissance et de la grandeur, oubliant ou dédaignant les avertissements de la Providence, s'affaissant sous les coups de leurs dissensions intérieures et de leurs ennemis, ministres implacables de la vengeance céleste.

L'histoire des grandes prospérités, des hommes que la Providence s'est plu à maintenir plus ou moins longtemps dans une région de succès, de gloire et de magnificence, de ces grandeurs accumulées sur une tête qui ensuite est exposée (souvent par sa propre faute) à tous les outrages de la fortune, brillera toujours d'un éclat imposant dans les annales de la postérité.

Telle est la légende Napoléonienne.

L'histoire des grandes infortunes et de ceux qu'elles ont d'abord accablés sans pitié, sauf à les relever ensuite, n'est-elle pas de nature à exciter de touchantes émotions ?

Telle est la légende Pontificale.

Tel est le tableau rare, unique peut-être des douleurs du Pontife qui, par l'échelle de longues infortunes, est monté à ses prospérités, d'un vieillard désarmé qui, persécuté au nom du conquérant de l'Europe, a fini par triompher de son persécuteur, l'a vaincu avant que l'Europe même ne fût parvenue à se délivrer de la servitude qu'il prétendait lui imposer, et l'a vaincu, en trouvant dans les calculs intermittents de sa tyrannie, dans les rigueurs de ses prisons même, les engins les plus efficaces de sa victoire.

L'antiquité a-t-elle jamais pu nous offrir rien de si singulier, de si admirable et de si digne des plus hautes réflexions, que cette lutte de la force morale contre la force physique, et de la conscience d'un prêtre sage, contre la volonté impérieuse d'un soldat téméraire, de ce triomphe d'un *héros sans épée*, contre un sabre qui découpait des empires !

Que si le saint Pontife a mêlé quelques faiblesses à ses vertus, si, homme, il s'est abaissé un moment, pour prendre un essor majestueux, et manifester, presque divinement inspiré, une fermeté évangélique; si l'oppresseur, saturé d'ambition, a fait litière des regrets de son cœur, et des conseils de son esprit, qui avait cependant calculé les avantages d'une conduite magnanime ; si l'imprudent ne s'est précipité dans les voies de l'injustice et de la violence, qu'après avoir voulu, fondé presque seul une organisation catholique, qui a relevé le culte de nos aïeux dans notre France chrétienne ; si, après tant de consolations, succède, à la légende Napoléonienne et à la légende Pontificale, une lutte qui se lie aux événements les plus marquants d'un quart de siècle fécond en prodiges; sans doute on ne saurait trouver d'épopée historique plus propre à être placée sous les regards des nations, plus digne de leur fournir de sublimes enseignements.

Le langage de l'Aigle de Meaux serait à peine suffisant pour retracer ces faits providentiels ! Aussi en rappelant quelques-unes des péripéties de la lutte entre le **saint Pontife Pie VII et Napoléon I**^{er}, nous nous bornerons à nous arrêter sur un épisode qui honore la Savoie, en offrant un spécimen de l'indépendance et de la fermeté de ses fiers montagnards.

Nous verrons, plus tard, un humble médecin savoyard braver toutes les colères pour protéger l'existence du vicaire de Jésus-Christ, du gardien de la foi de ses pères.

Grégoire-Barnabé Chiaramonti naquit à Césène, dans la légation de Forli, le 14 août 1742, du comte Scipion Chiaramonti et de la comtesse Jeanne Ghini.

Après avoir terminé ses études à Parme, il prenait, le 20 août 1758, l'habit de Saint-Benoît.

En 1775, à l'avènement de Pie VI auquel l'unissaient les liens du sang, Don Chiaramonti remplissait les fonctions de professeur de théologie dans le couvent de Saint-Calixte.

Elevé à la dignité d'*abbé*, à la suite de

quelques persécutions, et les attaques de ses ennemis n'ayant point cessé, Don Chiaramonti fut entendu par le Pape, auquel il plut singulièrement par la franchise de ses réponses, par l'exposé d'une conduite pleine d'aménité, et surtout par la réserve et le ton de douceur qu'il opposait à ses contradicteurs.

Sa Sainteté avait bientôt reconnu en lui un littérateur profond, un savant exact, un canoniste instruit et raisonnable, un moine studieux et ami de ses devoirs.

D'abord, évêque de Tivoli, ensuite d'Imola, Don Chiaramonti fut créé cardinal le 14 février 1785.

Tout le Sacré-Collège et l'opinion publique ne regardèrent point ce choix comme une faveur de népotisme, mais bien comme une récompense due à un prélat sans ambition et environné d'une estime universelle.

Cependant, la Révolution française avait agité tous les esprits en Europe.

Du renversement de l'ordre établi, de la proclamation de la République, de la constitution civile du clergé, contre laquelle Pie VI avait protesté par la bulle dogmatique *Charitas*, on était passé à la Convention et aux crimes de la Terreur.

Un jeune homme, né dans l'île de Corse, qui appartenait à la France depuis deux mois à peine, devenu général par une série de victoires, était élevé au commandement des armées françaises en Italie. Il était chargé par le Directoire, qui avait succédé à l'autorité sanglante de la Convention, d'apporter à la Péninsule ce qu'il appelait le bienfait de la liberté.

Le 19 février 1797, le Pape est forcé de signer le traité de Tolentino, par lequel, entre autre stipulations, on remarque les suivantes :

Le Pape renonce purement et simplement à tous les droits auxquels il pourrait prétendre sur les villes et territoire d'Avignon, le Comtat Venaissin et ses dépendances, et transporte, cède et abandonne lesdits droits à la République française. (Art. 6.)

Le Pape renonce également à perpétuité, cède et transporte à la République française tous ses droits sur les territoires connus sous les noms de légations de Bologne, de Ferrare et de Romagne ; il ne sera porté aucune atteinte à la religion catholique dans les susdites légations. (Art. 7.)

La ville et la citadelle d'Ancône et leur territoire resteront à la République française jusqu'à la paix continentale. (Art. 8.)

Bientôt, sur l'ordre du Directoire, le général Berthier occupe Rome; la République y est proclamée et organisée; et, le 20 février 1798, à 8 heures du matin, Pie VI est jeté dans une voiture, conduit à Sienne, puis à la Chartreuse de Florence, et enfin transféré en France, à Valence en Dauphiné, où il succomba à ses douleurs, le 29 août 1799 (1).

Le conclave, réuni à Venise le 1er décembre, se termine après cent quatorze jours; et, le 14 mars 1800, le cardinal Chia-

---

(1) Peu de temps avant la mort de Pie VI, le cardinal Gerdil, ayant une communication importante à faire passer d'urgence en Italie, se souvint d'un prêtre savoyard, M. l'abbé Dominique Claraz, docteur de Sorbonne, avec lequel il était en relation.

Cet ecclésiastique se trouvait alors au sein de sa famille, à Lanslevillard, petit village du canton de Lanslebourg, sur la frontière du Piémont. L'Eminence fait immédiatement appel au dévoûment du fidèle montagnard, et son attente ne fut point trompée.

L'abbé Claraz traverse avec autant d'intrépidité que d'adresse les nombreux détachements disséminés sur la frontière, passe le Mont-Cenis par des sentiers abruptes à lui connus, parvient heureusement à Turin, et remet le pli pontifical à sa destination. Nous verrons bientôt que le frère aîné du courageux abbé ne le cède en rien à son puîné en fait de courage civil et de dévoûment envers le Saint-Siège.

(Note de l'auteur.)

ramonti, élu pape, déclare prendre le nom de Pie VII, en souvenir de Pie VI, son bienfaiteur.

Pie VII fait son entrée triomphale à Rome le 3 juillet.

Bonaparte était devenu premier consul. La bataille de Marengo lui avait rendu son influence sur toute l'Italie. En envoyant M. Cacault à Rome en qualité d'ambassadeur, avec mission spéciale de négocier le rétablissement de la religion en France, il lui ordonnait « de traiter le Pape comme s'il avait deux cent mille hommes ! »

Sages et excellents sentiments : plût au ciel qu'il les eût toujours conservés !

Le Concordat fut signé à Paris le 15 juillet 1801.

La religion catholique, apostolique et romaine doit être librement exercée en France. Son culte sera public, en se conformant aux règlements de police que le gouvernement jugera nécessaires pour la tranquillité publique. (Art. 1er.)

Il sera fait par le Saint-Siége, de concert avec le gouvernement, une nouvelle circonscription des diocèses français. (Art. 2.)

Sa Sainteté devra demander aux anciens évêques titulaires la résignation de leurs sièges, et, en cas de refus, il sera pourvu aux évêchés de la nouvelle circonscription de la manière suivante. (Art. 3.)

Le premier consul nommera dans les trois mois de la publication de la bulle aux sièges déclarés vacants, et Sa Sainteté conférera l'institution canonique, suivant les formes établies par rapport à la France, avant le changement du gouvernement. (Art. 4.)

Il sera pourvu de même aux vacances qui se produiront par la suite. (Art. 5.)

Les évêques, avant d'entrer en fonction, prêteront directement, entre les mains du premier consul, le serment de fidélité qui était en usage avant le changement de gouvernement, exprimé dans les termes suivants :

« Je jure et promets à Dieu, sur les saints
« Evangiles, de garder obéissance et fidé-
« lité au gouvernement établi par la Consti-
« tution de la République française. Je
« promets aussi de n'avoir aucune intelli-
« gence, de n'assister à aucun conseil, de
« n'entretenir aucune ligue, soit au dedans,
« soit au dehors, qui soit contraire à la tran-
« quillité publique, et si, dans mon diocèse
« ou ailleurs, j'apprends qu'il se trame
« quelque chose au préjudice de l'Etat, je
« le ferai savoir au gouvernement. (Art. 6.)

Les ecclésiastiques du second ordre prêteront le même serment entre les mains des autorités civiles, désignées par le gouvernement. (Art. 7.)

Les évêques devront faire une nouvelle circonscription des paroisses avec l'agrément du gouvernement. (Art. 9.)

Ils devront également nommer aux curés avec l'agrément du gouvernement. (Art. 10.)

Le gouvernement assurera un traitement convenable aux évêques et aux curés, dont les diocèses et les cures seront compris dans la circonscription nouvelle. (Art. 14.)

On retrouve dans le Concordat de 1801 les dispositions du Concordat concerté en 1515 entre le Pape Léon X et François Ier, et dont les prescriptions restèrent en vigueur jusqu'à la Révolution.

A Rome, comme partout ailleurs, on n'était pas exempt de la plaie des ultras et des intransigeants ! Les excitations extérieures, tout à fait étrangères à l'intérêt religieux, ne manquèrent pas de se coaliser pour susciter le mécontentement des Romains contre le Concordat conclu avec la France.

On répandait partout cette satire :

Pie VI, *per conservar la fede,*
Perde la sede.
Pie VII, *per conservar la sede,*
Perde la fede.

Le Saint-Père (plût au ciel que bien des chefs d'Etat eussent suivi son exemple), sans s'inquiéter des clameurs de ce petit troupeau de gens « trop bien intentionnés » qui, après avoir bouleversé la société par leurs prétentions, s'empressent de se livrer au *sauve qui peut* au moment du danger, poursuit son but avec persévérance. Il connaît le prix du temps; « il tempo è un gran maestro ! »

Le cardinal Caprara est envoyé immédiatement à Paris pour terminer l'œuvre du rétablissement du culte catholique en France.

Le Pape avait été très affecté de la publication des *Articles organiques*, faite en même temps que celle du Concordat et de manière à faire croire que la cour de Rome y avait concouru.

Il avait refusé de donner l'institution canonique à quinze évêques constitutionnels, à moins qu'ils ne signassent une adhésion à la bulle *Charitas*.

Napoléon, alors au faîte de la gloire, s'était fait proclamer empereur par le Sénat le 18 mai 1804.

Le Saint-Père, dans le but de mieux sauvegarder les intérêts de la religion, était venu sacrer le nouvel Empereur le 2 décembre 1806.

Reçu avec les plus grands honneurs, harangué par les principaux corps de l'Etat, le Pontife recevait journellement toutes les personnes pieuses et distinguées qui témoignaient le désir de s'approcher de son auguste personne. Toutefois, une semaine ne succédait pas à une autre qu'il ne demandât la faculté de retourner à Rome.

Un des grands officiers de l'Empire que le Pape n'a jamais voulu nommer, lui parla un jour d'habiter Avignon, d'accepter un palais papal à l'archevêché de Paris et de laisser établir un quartier privilégié, comme à Constantinople, où le corps diplomatique accrédité près l'autorité pontificale, aurait le droit exclusif de résider.

Ce personnage aurait-il jamais osé hasarder une pareille insinuation sans l'agrément de l'empereur?

S. S. crut devoir ainsi répondre à cette communication, la plus amère sans doute qu'Elle pût entendre de la bouche d'un Français. (*Vie de Pie VII*, par le chevalier Artaud) :

« On a répandu qu'on pourrait nous re-
« tenir en France ; eh bien ! qu'on nous en-
« lève la liberté, tout est prévu. Avant de
« partir de Rome, nous avons signé une
« abdication régulière, valable, si nous som-
« mes jetés en prison ; l'acte est hors de la
« portée du pouvoir des Français.

« Le cardinal Pignatelli en est dépositaire
« à Palerme, et quand on aura signifié les
« projets qu'on médite, il ne vous restera
« plus entre les mains qu'un moine misé-
« rable, qui s'appellera Barnabé Chiara-
« monti. »

Le soir même, les ordres de départ furent signés par l'empereur, et, le 16 mai 1805, le Pape rentrait dans Rome après un voyage heureux, où partout, en France comme en Italie, il avait reçu les témoignages multipliés du respect et de la vénération des populations.

Cependant, l'heure des tribulations et de l'amertume était bien près de sonner.

Après la signature du traité de Tilsitt, quelques mots avaient singulièrement frappé l'empereur Napoléon.

Le czar lui dit un jour tout en causant : « Moi, je n'ai jamais d'affaire de culte, je suis le chef de mon Eglise ! »

L'empereur Alexandre avait-il « ingénûment » attaché une torpille sous la barque ambitieuse que le vainqueur d'Austerlitz devait plus tard échanger contre la cabine hospitalière du Bellérophon ?

Dans une réponse de l'Empereur aux observations du Saint-Père, en date du 13 février 1808, on remarque ces paroles : « Votre Sainteté est souveraine de Rome ; mais, moi, j'en suis l'empereur. »

Le cardinal Fesch, ambassadeur de France près le Saint-Siège, demandait bientôt officiellement qu'on expulsât les Russes, les Suédois, les Anglais et les Sardes, de Rome et de l'Etat pontifical. Le cardinal Consalvi déclara que Sa Sainteté s'entendrait, sur ce point, directement avec l'Empereur.

Le 12 mars 1806, le Pape répondait à l'Empereur en opposant à ces demandes un refus plein de douceur et de dignité, et motivé sur le devoir qui lui incombait de conserver une attitude pacifique, pour mieux sauvegarder les intérêts religieux auprès de toutes les puissa

Le général Miollis oc pa Rome (2 février 1808), et le Pape ordonna au cardinal Caprara de demander ses passeports ; M. Lefèbre, secrétaire de l'ambassade française reçoit également ces pièces.

Monsignor Cavalchini, gouverneur de Rome; Mgr Barberi, fiscal du *governo*; Mgr Riganti, secrétaire de la consulte, sont arrêtés. Les cardinaux étrangers sont expulsés de Rome.

Le 10 juillet, le Pape réunit en consistoire tous les cardinaux présents à Rome, et prononça la célèbre allocution : *Nova vulnera*.

Le 6 septembre, un officier supérieur se présente à la secrétairerie d'Etat et signifie au cardinal Pacca son ordre de départ.

Le cardinal déclare qu'il ne partira pas sans les ordres du Saint-Père. Le Pape averti, vient prendre le cardinal par la main et l'emmène dans ses appartements, en enjoignant à l'officier de signifier au général son indignation contre les violences dont il était l'objet depuis quelque temps.

Le 17 mai 1809, Napoléon rendait, à son camp impérial de Vienne, un décret qui réunissait tous les Etats pontificaux à l'Empire français. La ville de Rome était déclarée ville impériale et libre. Le décret fut publié par le général Miollis, le 10 juin, à deux heures après midi. Le pavillon pontifical fut abaissé, et remplacé par le pavillon français. Cet acte d'abord suivi d'une protestation du Souverain-Pontife en langue italienne, affichée dans les rues de Rome, fut bientôt après anathématisé par une bulle d'excommunication, publiée et affichée dans les endroits et suivant les formes ordinaires (nuit du 10 au 11 juin).

Dans la nuit du 5 au 6 juillet, à trois heures du matin, le général Radet pénètre de vive force dans le palais pontifical, s'avance dans la salle du trône dite des *Sanctifications*.

Il trouve le garde suisse de Sa Sainteté, qu'il somme de mettre bas les armes. Le garde le fait sans difficulté, en ayant reçu l'ordre. Ensuite, dirigeant ses pas vers une chambre où il y avait de la lumière, il se trouve en présence du Pape, et les officiers et sous-officiers de gendarmerie qui l'accompagnent, entrent respectueusement le chapeau à la main, en s'inclinant devant le Pontife, à mesure que chacun allait prendre place pour former la haie devant l'entrée intérieure.

Après avoir pris les dispositions ultérieures pour maintenir l'ordre, il reçoit par un sous-officier de gendarmerie l'ordre d'arrêter le Pape et le cardinal Pacca, et de les conduire hors de Rome.

Au milieu d'un silence profond, le général Radet se place en face du Saint-Père, avec la figure pâle et la voix tremblante, et lui annonce qu'il a une commission désagréable et pénible à lui faire; mais, qu'ayant prêté serment d'obéissance et de fidélité à l'Empereur, il ne peut se dispenser d'exécuter son ordre ; qu'en conséquence, au nom de l'Empereur, il doit lui intimer de renoncer à la souveraineté temporelle de Rome et de l'Etat, et que si Sa Sainteté lui refuse, il a ordre de la conduire au général Miollis, qui lui indiquera sa destination.

« Nous aussi, dit le Pape, nous devons
« soutenir les droits du Saint-Siège auquel
« nous sommes lié par tant de serments !
« Nous ne *pouvons pas*, nous ne *devons*
« *pas, nous ne voulons pas*, céder ni
« abandonner ce qui n'est pas à nous. »

« Le domaine temporel appartient à
« l'Eglise et nous n'en sommes que l'admi-
« nistrateur.

« L'Empereur peut nous mettre en piè-

« ces, mais il n'obtiendra jamais cela de
« nous. Après tout ce que nous avons fait
« pour lui, nous ne nous attendions pas à
« ce traitement. » « Saint-Père, dit alors le
« général Radet, je sais que l'Empereur
« vous a beaucoup d'obligations. » « *Plus
« que vous ne savez,* » répartit le Pape d'un
ton très animé. Il continue ainsi : « et de-
« vons-nous partir seul ? » Le général reprit : « Votre Sainteté peut conduire avec
« elle son ministre, le cardinal Pacca. »

Une voiture conduisant le Saint-Père, parvenue en dehors de la porte du Peuple, trouva des chevaux de poste et s'achemina rapidement vers la chartreuse de Florence, où le Pape fut remis par le général Radet au lieutenant-colonel Lecrosnier, qui était venu l'y recevoir. Bientôt le Saint-Père quitte la chartreuse sous la garde d'un officier supérieur, nommé Mariotti.

Le cardinal Pacca n'avait pu accompagner le Saint-Père, qui continua son pénible voyage avec Mgr Doria, Mgr Soglia et le camérier, Joseph Moragui, qui avait rejoint en apportant la garde-robe.

Le voyage du Pape à Alexandrie dura sept jours, du 9 au 15 juillet.

A Alexandrie, le Pape, conduit par le colonel Boisard, s'arrêta dans l'hôtel du comte Castellani, où il fut comblé de soins et d'attentions par les propriétaires. Après trois jours de repos, il fut dirigé par Mondovi sur Grenoble, où il séjourna également trois jours ; ensuite sur Valence, Avignon, Nice et enfin Savone, où il fut logé à l'évêché. Ce voyage fut un véritable triomphe : les populations, les autorités rendaient hommage au Souverain-Pontife, qui, s'il n'eût pas dans certaines circonstances empêché l'élan de la multitude, eût été infailliblement délivré.

Nice fit des préparatifs de fête pour recevoir le Pape. Quand il fut près du pont du Var, il descendit de voiture, et le traversa à pied, seul, après avoir fait signe à ses gardes de rester derrière lui. Là, toutes les conditions prennent leur rang ; nobles, portant toutes leurs décorations, ecclésiastiques, revêtus de leurs habits sacerdotaux, etc. Plus de dix mille personnes sont à genoux sans proférer une parole. En face du pont, le Pape voit la religieuse reine d'Étrurie à genoux avec ses deux enfants, et lui adresse quelques paroles bienveillantes, en lui faisant remarquer les transports du peuple. Il remonte en voiture. Les rues de Nice avaient été semées de fleurs ; pendant le temps du séjour de Sa Sainteté, la ville fut illuminée tous les soirs.

Le colonel Boisard eut le bon sens de comprendre qu'il ne conduisait pas en ce moment un prisonnier d'Etat ; il lui laissa la liberté de recevoir les ecclésiastiques et toutes les personnes qui se présentèrent.

La nuit, on chantait des hymnes sacrées autour de la maison du Pape.

Le colonel Boisard se préparait à suivre une route moins fréquentée à travers les montagnes ; une dame eut l'ingénieuse idée d'envoyer illuminer la route pour le soir, et de faire attacher des lampions à tous les arbres. Cet exemple donné fut suivi le long de la Corniche et par ordre de toutes les personnes pieuses et même des autorités municipales.

A l'évêché de Savone, que l'évêque avait dû évacuer, pour faire place au Pape et à sa suite, on n'assigna au Saint-Père, pour son usage, qu'une chambre et une petite antichambre.

Le comte Salmatoris, maître des cérémonies, venait tous les jours demander ce que le Pape *désirait* prescrire ; il lui était facultatif, du reste, de faire inviter qui il voulait à une table somptueuse. Chaque domestique du Pape reçut 100 louis par mois, et le directeur des postes venait lui-même remettre les lettres à l'adresse de Sa Sainteté.

Napoléon avait gagné la bataille de Wagram le 6 juillet, pendant qu'on enlevait le Pape.

Le 2 avril 1810, l'empereur avait épousé l'archiduchesse d'Autriche, Marie-Louise. Les cardinaux résidents à Paris, où ils avaient été appelés, assistèrent tous à la cérémonie du mariage civil, le 1er avril, à Saint-Cloud.

Mais il n'en fut pas de même à la cérémonie religieuse, le 27, dans la salle du Louvre. Sur les vingt-six de la veille, treize seulement furent remarqués par l'empereur, qui en fut très irrité. Ces cardinaux assurèrent qu'ils s'étaient abstenus de paraître à la cérémonie par ce seul motif que le Pape n'était pas intervenu à la *dissolution du premier mariage*. Ces cardinaux furent exilés dans plusieurs villes de France. En somme, un grand nombre de cardinaux souffraient en France pour la cause de Pie VII, que nous allons retrouver à Savone en proie aux plus vives douleurs.

Le Pape avait promis à un agent autrichien que l'on avait laissé pénétrer jusqu'à lui, de s'occuper directement et promptement des affaires du clergé d'Autriche, et écrit qu'il accepterait une médiation sur des bases dignes de lui et quand on aurait fait cesser son état *désolant* et *isolé*. Ce bref est conservé dans les papiers de la famille de Metternich.

La question du mariage avait partagé le Sacré-Collège en cardinaux qu'on voulait à tout prix éloigner du Pape et en cardinaux qu'il ne verrait pas auprès de lui avec plaisir. Dix-neuf évêques français adressèrent, en commun, au Pape une lettre, où, sous prétexte de solliciter l'ampliation des facultés qu'on leur avait accordées pour les dispenses matrimoniales, ils renouvelèrent la demande de la confirmation des nominations aux sièges épiscopaux, avec des expressions qu'à Savone on prit pour la menace de faire pourvoir à la conservation de l'Eglise de France par elle-même, si elle était abandonnée du Pape.

Le Saint-Père envoya, le 5 novembre, au cardinal Maury, nommé par Napoléon archevêque de Paris, sur le refus du cardinal Fesch, et le 2 décembre à Mgr Corboli, archidiacre de Florence, dont Napoléon avait donné le siége à l'évêque de Nancy, des bulles qui déclaraient, avec une grande fermeté, que toute institution faite par des évêques *était nulle.*

Napoléon, irrité de cette publication, fit transporter à Vincennes quelques cardinaux fidèles. Le prélat Doria qui continuait son service auprès du Pape avec dévoûment et que l'on supposait jouir d'une grande influence, fut relégué à Naples; quelques anciens serviteurs furent conduits à Fénestrelles.

On avait de Paris l'ordre d'examiner tous les papiers du Pape. Le 7 janvier, pendant sa promenade, son appartement est l'objet d'une minutieuse perquisition: on prend connaissance du contenu de toutes les dépêches; on emporte ses bréviaires et même l'office de Notre-Dame; le Pape apprend cette visite et dit seulement avec sa douceur ordinaire : « Et le service de la Vierge aussi? et nos bréviaires ? c'est juste ! »

Le comte Berthier, gouverneur du palais de Sa Sainteté, disparut. Un intendant signifia que chaque individu italien, y compris le Pape, ne recevrait plus que cinq paoli par jour; ordre absurde et ridicule, qui ne fut exécuté que pendant deux semaines, parce que les habitants de Savone envoyaient des provisions au Pape et à sa suite.

Peu de temps après, Moiraghi, caissier particulier du Pape, fut enlevé et conduit à Fénestrelles.

Le préfet du département eut ordre d'écrire au Pape la lettre suivante, évidemment minutée par Napoléon :

« Le soussigné, d'après les ordres éma-
« nés de son souverain, Sa Majesté impé-
« riale et royale, Napoléon, empereur des
« Français, roi d'Italie, protecteur de la
« Confédération, etc., est chargé de noti-
« fier au Pape Pie VII, que *défense lui*
« *est faite* de communiquer avec aucune
« église de l'empire, ni aucun sujet de l'Em-
« pereur, sous peine de *désobéissance de sa*
« *part et de la leur*; qu'il cesse d'être l'or-
« gane de l'Église catholique, celui *qui prê-*
« *che la rébellion*, et dont l'*âme est toute*
« *de fiel*; que puisque rien ne peut *le rendre*
« *sage*, il verra que Sa Majesté est assez
« *puissante* pour faire ce qu'ont fait ses
« prédécesseurs et déposer un Pape.
  « Savone, le 13 janvier 1811. »

En lisant ce factum d'une forme aussi insolite, le plus modeste lycéen ne se croirait-il pas en droit de se demander depuis quand l'orgueil et le despotisme ont pris souci d'observer les convenances dans leurs communications écrites et dans leurs actes ?

Les possessions territoriales peuvent varier, augmenter ou diminuer, les citadelles peuvent être construites, rasées, échangées ou occupées, et cela, selon les fluctuations inhérentes à la faiblesse de la société humaine ; mais il est une citadelle que des assises archi-séculaires rendent imprenable : c'est la souveraineté spirituelle du Vicaire de Jésus-Christ. Ni le feu grégeois, ni le canon Krupp, ni le pétrole, ni la dynamite, ni les attaques des puissants, ne sauraient l'entamer. Malheur à quiconque aurait l'audace d'ouvrir contre elle la première parallèle : la foudre céleste aurait bientôt pulvérisé, patron, travailleurs et instruments de siège ! La souveraineté spirituelle des Papes, en temps que d'origine divine, est absolue, et *complètement indépendante*. Les puissants de la terre ne gagnent rien à l'oublier. Peut-être aurons-nous occasion de le constater avant la fin de ce récit.

Arrivons maintenant au comité ecclésiastique consulté par l'Empereur, et dans lequel le plus *formidable des Césars* trouva un indépendant contradicteur dans la personne

de l'abbé Emery, homme singulièrement recommandable par sa science, par une conduite hautement vertueuse, qu'il n'avait jamais démentie ni souillée dans la révolution. Que pensez-vous de l'autorité du Pape?
« — Sire, répondit le courageux abbé, je ne
« puis avoir d'autre sentiment sur ce point
« que celui qui est contenu dans le caté-
« chisme enseigné *par vos ordres* dans
« toutes les églises. » Et à la demande:
« Qu'est-ce que le Pape? » on répond:
« Qu'il est le chef de l'Eglise, le Vicaire de
« Jésus-Christ, à qui tous les chrétiens doi-
« vent l'obéissance? Or, un corps peut-il se
« passer de son chef, de celui à qui de
« droit divin il doit l'obéissance? »

Napoléon fut surpris de cette réponse, et paraissait désirer entendre encore M. Emery; aussi, le noble confesseur de la foi, ne redoutant rien, reprit: « On nous oblige en
« France de soutenir les *quatre articles de*
« *la déclaration du clergé*, mais il faut
« en recevoir la doctrine dans son entier:
« or, il est dit aussi dans le préambule de
« cette *déclaration*, que le Pape est le chef
« de l'Eglise, à qui tous les chrétiens doi-
« vent l'obéissance, et, de plus, on ajoute
« que les quatre articles décrétés par l'As-

« semblée ne sont pas tant pour limiter la
« puissance du Pape que pour empêcher
« qu'on ne lui accorde pas ce qui est es-
« sentiel. »

« Ainsi donc, les quatre articles recon-
« naissaient au Pape une autorité si
« grande et si universelle qu'on ne pouvait
« pas s'en passer dans l'Eglise. Tout con-
« cile disjoint du Pape n'aurait aucune va-
« leur. »

Bientôt, cédant aux mauvais conseils de son insatiable orgueil et de ses courtisans, Napoléon oublie le sens pratique qui le distingue si souvent.

Un concile d'évêques français et italiens est convoqué par ses ordres, et le cardinal Fesch en est élu président. Il prononce d'abord à haute voix le serment prescrit par la bulle de Pie IV, du mois de novembre 1564, et commençant par ces mots : « Je jure et promets une véritable obéissance au Pontife romain. » Ce noble exemple fut imité par tous les prélats.

Ce concile obtint quelques concessions isolées du Saint-Père, à la suite d'obsessions importunes et de rapports inexacts. Ce fut le premier signal de faiblesse donné par Pie VII. Le concile avait prétendu décider que les évêchés et archevêchés ne seraient point vacants plus d'un an ; que six mois après la demande d'institution faite au Pape, s'il n'y avait pas consenti, le Métropolitain, et, en son absence, le plus ancien Évêque de la province ecclésiastique procéderait à l'institution de l'Évêque nommé. Avec l'autorisation de l'Empereur, les cardinaux Joseph Doria, Antoine Dugueni, Antoine Roverello, Fabrice Ruffo et de Bayane, et Monseigneur Bertazzoli, archevêque d'Edesse et aumônier du Pape, appelés pour la circonstance, partirent vers les derniers jours d'août 1811, pour faire connaître cette décision au Pape. *La caravane sacrée* (expression satirique du cardinal Pacca) arriva à Savone dans les premiers jours de septembre. Grâce au conseil de Roverello et de Bertazzoli, agents de Napoléon qui lui prédisaient une série de maux, dont sa résistance seule serait la cause, le Pape non seulement permit que l'on envoyât des bulles de confirmation avec les anciennes formules à différents évêques, mais encore approuva, et confirma par un bref, qui fut alors imprimé, le décret du concile tenu à Paris. Et pourtant, malgré cette facile victoire remportée sur la faiblesse d'un vieillard, accablé par les persécutions, au lieu de remercîments, ses auteurs avaient couru au devant d'une déception.

Le bref avait été rejeté par l'Empereur, parce qu'on y déclarait l'Eglise romaine mère et maîtresse de toutes les autres Eglises, et parce qu'on y imposait aux archevêques et évêques autorisés à donner l'institution canonique et la confirmation aux évêques nommés depuis six mois, de déclarer expressément qu'ils donnaient cette confirmation et cette institution au nom du Pape. Et de plus, le bref étant accepté, quel motif restait encore de ne point mettre un terme à la détention du Souverain-Pontife?

Napoléon préparait la campagne de 1812 en Russie.

Les Anglais, qui avaient cherché à empêcher le Pape de faire le voyage de 1804 en France, et qui lui savaient gré de n'avoir pas voulu les traiter en ennemis, avaient fait avertir secrètement Pie VII qu'une frégate, qui croiserait dans les eaux de Savone, pourrait s'approcher sur des signaux convenus et le délivrer de sa captivité.

Mais la surveillance devint plus active et la délivrance impossible.

Le soir du 9 juin 1812, fatal anniversaire du jour où le Pontife avait été prévenu trois ans auparavant qu'il était dépouillé de ses Etats, on lui signifia l'ordre du départ pour la France. Il lui fut enjoint de changer ses habits qui auraient pu le faire reconnaître pendant le voyage. C'était sans doute encore une manière perfectionnée de tourmenter le Saint-Père sans courir les risques que sa popularité pouvait attirer. On l'enleva dans la matinée du 10, et on le fit monter dans une chaise de poste, n'ayant avec lui que son médecin ordinaire, le comte Porta. A Stupiniggi, près de Turin, le gouvernement avait envoyé d'avance Mgr Bertazzoli, qui entra dans la même voiture, et ensuite ne fut plus séparé de Sa Sainteté. Le colonel de gendarmerie Lagorsse commandait l'escorte avec quelques officiers. Le Saint-Père, enfermé à clef dans la voiture, après un pénible voyage, sans repos, arrive au Mont-Cenis tellement malade, que M. le docteur Claraz, de la province de Maurienne, fut appelé en toute hâte pour lui donner des soins.

M. le docteur Porta n'avait pu suivre le Saint-Père depuis Tortone, où, très malade lui-même, il avait été obligé de s'arrêter.

Dom Gabet, ex-abbé de Tamié, se trouvait, à cette époque, directeur de la maison hospitalière du Mont-Cenis. Le Saint-Père et son escorte y arrivèrent au milieu de la nuit du 11 juin; Sa Sainteté était très souffrante d'une douleur occasionnée par la course aussi longue que rapide qu'elle venait de faire dans les heures les plus brûlantes de la journée.

Depuis longtemps déjà Pie VII était affligé d'une cruelle infirmité, à laquelle était contraire toute espèce de fatigue, surtout celle des voyages; il fut si malade en arrivant dans cette maison hospitalière, qu'il ne dut la conservation de son existence qu'à une protection spéciale du Ciel et aux soins précieux de M. le docteur Claraz.

Celui-ci le trouva dans un état alarmant et en fit son rapport au colonel Lagorsse, en lui déclarant qu'il fallait de toute nécessité suspendre ce voyage, qu'il y allait de la vie de Sa Sainteté; cette prescription contraria extrêmement le chef de cette escorte; il s'en exprima même en termes peu mesurés, et en avertit aussitôt le gouvernement à Turin, par voie télégraphique; mais il lui fut répondu qu'il devait suivre les ordres de Paris.

M. le docteur Claraz crut alors devoir protester de la manière la plus énergique contre cet ordre inhumain, en prononçant ces paroles que les échos de cet hospice ont longtemps répétées : « Monsieur le colo-
« nel, si le conseil que je viens d'avoir
« l'honneur de vous donner n'est pas suivi;
« si le Saint-Père est obligé de faire un pas
« de plus hors d'ici, ce sera plus que de la
« violence à son égard, ce sera de la bar-
« barie ; il n'y résistera pas et il succombera
« infailliblement ; je l'atteste sur ma foi et
« mon honneur, comme homme et comme
« médecin, vous vous exposez à n'entraîner
« qu'un cadavre à Paris, et vous assumez
« sur vous la plus grande responsabilité. »
(Documents communiqués par le chef de la famille Claraz) (1).

---

(1) L'Académie nationale de Savoie, dans ses *Mémoires* (seconde série, t. IX) et la *Revue des Deux-Mondes* (livraison du 15 avril 1869), ont publié quelques détails inédits sur la translation du Pape Pie VII, de Savone à Fontainebleau, et sur sa captivité. Les *Mémoires* du cardinal Pacca et l'*Histoire de Pie VII*, par le chevalier Artaud, ne font aucune mention de ces particularités.

Les notes publiées par l'Académie font partie des éléments d'un répertoire biographique des médecins de la Savoie que rassemble depuis quelques années son président, l'honorable docteur Guilland. L'Académie, en les analysant, les proclame « une des pa-

Ce langage, tenu avec toute la fermeté et la sûreté de conscience d'un praticien très expérimenté, jeta la perturbation dans l'esprit du chef de l'escorte et de son assistance. On se concerta un moment, après quoi il fut décidé que le voyage serait interrompu.

Quelle nécessité de demander des ordres à Turin ? Ne devait-on pas prévoir la réponse qui serait faite ?

Quelle nécessité de délibérer et de se concerter avec les autres officiers de l'escorte ? Le colonel Lagorsse était chef et responsable, à lui seul appartenait une décision que sa conscience devait lui dicter.

Il n'avait aucune observation à faire au docteur Claraz. Dans cette circontance, la voix du médecin devait être écoutée, et cela

---

ges les plus belles et des plus touchantes de la profession médicale en Savoie. »

Ces notes, complétées par leur auteur, donnèrent lieu à une publication émanant du chef actuel de la famille Claraz, reconnue exacte par des autorités contemporaines, entre autres par le vénérable et savant cardinal Billiet, archevêque de Chambéry. (*Un Épisode de la vie du docteur Claraz*, médecin à Lanslebourg (Savoie). — *Notes particulières et inédites sur la translation de Pie VII, de Savone à Fontainebleau;* Chambéry, imprimerie Pouchet, 1869.) Ce document, dont nous devons la communication à l'obligeance de M. le chevalier Claraz lui-même, a servi de base au récit que nous produisons dans ces d'autant plus que M. le docteur Claraz était médecin assermenté et préposé au service sanitaire de toutes les troupes impériales qui passaient le Mont-Cenis.

Le colonel Lagorsse avec « l'instinct du gendarme » avait-il pénétré les intentions du maître, en attribuant ces mesures si violentes au désir d'abattre par l'affaiblissement des forces physiques les facultés intellectuelles du Pape, de mettre à bout sa patience héroïque, et d'obtenir ainsi les concessions que l'on désespérait de conquérir par les moyens ordinaires? Craignait-il d'affronter les suites de la colère de l'Empereur, en déjouant involontairement ses calculs par le retard apporté au voyage? Rien de plus probable.

---

pages. Il nous a paru qu'en pareille matière c'est un devoir de livrer à l'histoire les faits présentés sous leur véritable jour par les personnages qui se sont trouvés immédiatement en scène.

Toutefois, entre le récit présenté par nous et celui de la *Revue des Deux-Mondes*, il peut et doit se rencontrer quelques légères divergences? Nous croyons devoir en signaler la cause.

A peine rentré dans sa famille après son voyage de Fontainebleau, M. le docteur Claraz se mit en devoir de consigner dans un rapport la succession des faits auxquels il avait assisté. La vérité était-elle bonne à dire dans ce moment, soit dans son intérêt, soit dans celui de sa famille? Ses amis ne le pensè-

Ici, se place une réflexion.

Dans la vie militaire, tout ne se résume pas à consacrer son intelligence à étudier l'art de la guerre, à s'acquitter avec zèle et précision des obligations ordinaires du service, et, enfin, à combattre honorablement l'ennemi de la patrie, à posséder, en un mot, le courage militaire.

Le soldat, surtout lorsqu'il est arrivé aux échelons des grades supérieurs, est souvent appelé à remplir des missions pénibles et délicates, qui l'exposent, soit à la haine, à l'injustice et aux passions des partis, soit même au mécontentement et aux rancunes des puissants.

Dans ces circonstances difficiles, un autre courage lui est absolument nécessaire, quoi-

---

rent pas. Suivant leur conseil, M. Claraz se borna à dicter à un sieur C..., un exposé plus mitigé, au bas duquel il apposa sa signature.

Cette pièce, d'ailleurs parfaitement authentique, a pu être retrouvée dans les archives de la Chancellerie romaine par l'éminent publiciste de la *Revue des Deux-Mondes*.

Plus tard, le fils du docteur Claraz, n'ayant plus à tenir compte des considérations d'actualité qui avaient conseillé les quelques restrictions qui peuvent se rencontrer dans l'exposé envoyé à Rome par son père, livra au public le document précis dont nous avons profité pour offrir à nos lecteurs le récit de cet important épisode.

(*Note de l'auteur.*)

que moins apparent et plus rare : nous voulons parler du courage civil, qui procède de la générosité, de l'élévation des sentiments, et de cette fermeté qu'il puise dans la conscience d'obéir à ses devoirs, en se conformant aux préceptes de la justice et de l'humanité. Fort de la tranquillité de sa conscience, le militaire, dédaignant les attaques ou les rancunes, laissant à part les calculs mesquins de l'intérêt personnel, doit trouver, dans le courage civil, la force nécessaire pour accomplir ses devoirs, *coûte que coûte*.

D'après cela, M. le colonel Lagorsse eut pu, sans hésitation ni discussion, se contenter du certificat du docteur Claraz, pour arrêter le voyage du Saint-Père, ce certificat lui fournissant une pièce officielle suffisante pour dégager entièrement sa responsabilité.

Sa dignité personnelle lui indiquait, en outre, de chercher à éviter l'écueil d'être rangé dans la classe trop nombreuse des subalternes, qui cherchent à plaire et à se faire valoir, en exécutant avec une rigueur déraisonnable et inopportune les ordres du maître.

Quoi qu'il en soit, le voyage fut interrompu.

A l'instant même, des ordres furent donnés pour interdire, pendant quelques heures, la traversée du Mont-Cenis. Tous les voyageurs et M. le docteur Claraz, qui venait en quelque sorte d'exposer sa sûreté en répondant de la vie du Saint-Père par cet acte de fermeté, fut déclaré prisonnier et tenu sous la plus stricte surveillance. On ne lui laissa pas même la liberté d'écrire à sa famille ; ce ne fut qu'au bout de quelques jours que l'abbé Dom Gabet écrivit qu'il était parti pour Fontainebleau avec le Souverain-Pontife.

L'état du Saint-Père était si grave que son médecin en éprouvait de très vives inquiétudes ; la maladie avait pris un caractère des plus sérieux ; l'inflammation dont il souffrait s'était compliquée d'autres accidents non moins inquiétants ; mais M. le docteur Claraz, ne consultant que sa foi bien vive et s'appuyant bien plus encore sur les secours d'en haut que sur sa vieille expérience, fit tout aussitôt administrer le Saint-Père ; le saint viatique et l'extrême-onction lui furent donnés par son aumônier en présence de tous les religieux réunis.

Après vingt-quatre heures de repos et d'une habile médication, dans la nuit du 14 au 15, le Saint-Père put reprendre son voyage, couché dans une voiture, ayant à ses côtés son médecin seul ; mais ce Pontife infirme devait conserver, au milieu de tant d'outrages, comme une santé de fer qui résisterait à toutes les barbaries. Il arriva à Fontainebleau le 20 juin, à minuit, après quatre jours et quatre nuits de voyage sans interruption.

Pendant tout ce temps, les deux portières se trouvaient fermées à clef ; les persiennes du côté du Saint-Père avaient été exactement clouées, et, qui plus est, on l'obligeait souvent d'abaisser les stores.

Le Souverain-Pontife et son pieux compagnon se trouvaient donc ainsi enfermés dans une voiture étroite, et souvent tourmentés par une chaleur et une poussière affreuse. La barbarie était poussée si loin et les mesures de sûreté si bien prises, de peur d'un enlèvement du Saint-Père, qu'il ne fut jamais permis, pendant ce long trajet, de descendre un instant de voiture, et, lorsque son service l'exigeait, ou que son escorte, le soir, prenait un rapide repas, on s'arrêtait dans les lieux les moins populeux et on faisait entrer sa voiture dans la remise de la Poste, dont on fermait la porte avec beaucoup de soin. Les cahots de la voiture se trouvaient souvent si violents, qu'ils arrachaient au vénéré Pontife des cris de douleur ; il joignait ses mains saintes et disait : « Mon Dieu, mon Dieu, que je souffre ! Pardonnez-leur ! »

Son médecin, dans ces moments, redoublait de soins et empêchait souvent que sa tête ne se heurtât contre la voiture.

C'est ainsi que l'illustre captif arriva à Fontainebleau dans un état semblable à celui où il s'était trouvé sur le Mont-Cenis, de manière à faire de nouveau craindre pour ses jours. Encore, lorsqu'il arriva au palais de Fontainebleau, par suite d'une négligence impardonnable, le concierge ne put pas l'admettre, parce qu'il n'en avait pas encore reçu l'ordre du ministère de Paris, et le Pape dut attendre cet ordre dans une maison voisine.

Pendant plusieurs semaines après son arrivée, on le vit gisant sur son lit de douleur ; la rapidité de ce voyage, que le duc de Rovigo, dans ses *Mémoires*, a comparé à celui d'un *trait*, avait tellement exténué ses forces, qu'on aurait dit que son escorte avait reçu ordre d'agir de la sorte pour l'exténuer, pour affaiblir son esprit, éteindre son énergie et parvenir à lasser son héroïque patience.

Il reçut bientôt la visite de MM. de Champagny et Bégot de Préameneu, ministres de l'Empereur, et de quelques cardinaux *rouges* qui se trouvaient à Paris. Il avait pu reprendre les vêtements de sa dignité.

Le gouvernement a donné pour prétexte de cette translation si rapide du Souverain-Pontife, la crainte que les Anglais, qui avaient des émissaires partout et qui croisaient dans la Méditerranée, ne voulussent tenter une descente sur Savone et n'envoyassent soulever, surtout en Savoie, les populations, pour s'emparer de Sa Sainteté et la rendre à la liberté.

Pendant toute sa détention, le Saint-Père ne voulut jamais sortir de son appartement; il s'y promenait pendant sa convalescence, demandant souvent à s'appuyer sur le bras de son médecin, M. le docteur Claraz.

Il n'a jamais voulu dire et entendre la messe dans la chapelle du château ; il constatait par là, d'une manière manifeste, la captivité dans laquelle il gémissait, surtout après que défense lui avait été faite de communiquer avec les habitants de cette ville, alors peuplée de 9,000 habitants. Un autel avait été dressé dans son appartement particulier, sous un dais de damas vert ; c'est là qu'il célébrait les saints mystères, ou les faisait célébrer par son aumônier ; il portait au doigt le même anneau qu'avait au moment de la mort, à Valence, le Pape Pie VI, anneau donné par la reine Clotilde.

Il avait demandé à être entouré de cardinaux de son choix ; mais, d'abord, par exception, on ne lui permit d'en voir que deux ou trois, bien entendu des cardinaux *rouges*.

Le général comte de Saint-Sulpice était alors gouverneur du château. La garde de Sa Sainteté restait confiée au colonel Lagorsse.

Les cardinaux auxquels il était permis d'entourer le Saint-Père, s'étaient partagé auprès de lui les heures de la journée, pour lui tenir compagnie et le distraire de la profonde mélancolie dans laquelle il était plongé. Il dînait seul, mais assisté de son aumônier et de son médecin. Les cardinaux, quelques évêques, l'aumônier et le médecin étaient ensuite servis ; ils étaient privés du plaisir de pouvoir faire diversion à leurs pénibles préoccupations, car ils étaient entourés des serviteurs du gouvernement ; ils devaient, avant d'ouvrir la bouche, peser chaque parole, avec d'autant plus de soin, qu'ils avaient à leur table l'officier supérieur préposé à la garde du Souverain-Pontife, le colonel Lagorsse.

La précipitation avec laquelle s'était fait l'enlèvement du Saint-Père, à Savone, n'avait pas laissé le temps à son valet de chambre, Hilaire Palmieri, de lui composer un trousseau, à l'exception de quelques linges de corps. A cette occasion, comme le Saint-Père changeait de linge à l'hospice du Mont-Cenis, un riche chapelet, garni de pierres précieuses, s'échappa d'une chemise que déployait le docteur Claraz; Sa Sainteté en s'en apercevant, avec un doux sourire sur les lèvres, bien que très souffrante lui dit : « C'est là aujourd'hui, monsieur le doc-
« teur, toute ma richesse ; je suis apostoli-
« quement : sans pain, ni argent, ni même
« deux tuniques; n'est-ce pas cela? Vous que
« le très bon abbé de cette maison vient de
« me donner pour médecin et pour com-
« pagnon de voyage, en ajoutant que vous
« étiez un bon chrétien de ce pays, accep-
« tez ce souvenir que je bénis ainsi que vous
« afin que le Ciel vous comble de ses dons
« avec votre famille. »

Lorsque le docteur Claraz, prenant congé

de Sa Sainteté à Fontainebleau, se jeta à ses pieds pour recevoir sa bénédiction, Pie VII le releva, lui disant qu'il le voulait dans ses bras et sur son cœur.

Cinq mois après l'arrivée du Saint-Père à Fontainebleau, Napoléon revint de sa désastreuse campagne de Russie......

La légende Napoléonnienne commençait à pâlir... Pendant tout ce temps, les cardinaux rouges qui avaient l'autorisation de se rendre à Fontainebleau, engageaient le Pape à ouvrir de nouvelles conférences, lui représentant les maux que causait à l'Eglise cette situation déplorable : les diocèses veufs de leurs pasteurs, les évêqus et les cardinaux exilés ou dans des cachots, etc., l'Eglise universelle sans tête, etc. Ces discours, répétés journellement, faisaient une impression profonde sur l'esprit du Pape, abattu par tant de violences et tant d'humiliations. Toutefois, les cardinaux n'obtenaient rien du Pontife et il continuait de résister à leurs conseils.

Napoléon cherchait à réparer ses pertes par de nouvelles levées, en demandant à la nation de nouveaux sacrifices : les catholiques en France, en Allemagne, en Italie, en Pologne, etc., blâmaient énergiquement sa conduite envers le successeur de saint Pierre. Aussi crut-il que, dans cette circonstance, un rapprochement entre lui et le Pape servirait sa politique en lui ralliant les esprits. Prenant pour prétexte le commencement de l'année 1813, l'Empereur envoya à Fontainebleau un chambellan chargé de complimenter le Saint-Père, ainsi qu'il est d'usage dans les cours, et de demander des nouvelles de Sa Sainteté. Obligé de répondre à cet acte de courtoisie et de convenance, le Pape envoya à Paris le cardinal Joseph Doria, pour remercier l'Empereur. Il fut établi d'un commun accord que l'on rouvrirait les négociations ; l'Empereur désigna Mgr Duvoisier, évêque de Nantes, tandis que le Pape était privé de l'avantage de choisir un négociateur égal en habileté et en adresse.

Les conférences furent ouvertes entre les évêques de Trèves et d'Evreux, et les cardinaux Joseph Doria, Dugnani, Fabrice, Ruffo et de Bayane, et Mgr Bertazzoli, qui habitaient tous le palais impérial. Quand ils s'aperçurent que le Pape était arrivé à une prostration de force, qui devait l'empêcher de résister aux obsessions dont il était formellement l'objet, ils voulurent laisser à l'Empereur la gloire (et quelle gloire ?) de la conclusion finale du traité, et, dans la soirée du 19 janvier, accompagné de l'impératrice Marie-Louise, il se rendit à Fontainebleau, se présenta directement chez le Pape, le prit dans ses bras, le baisa au visage et lui fit mille démonstrations de cordialité et d'amitié. Le jour suivant, il y eut d'autres entrevues entre le Pape et Napoléon. On prétend que l'une de ses entrevues fut orageuse ; les cardinaux redoublèrent leurs instances. Pie VII était âgé de 71 ans, accablé de dégoûts et de douleurs. Ses désordres de santé, enfin, les approches de la mort, tout contribuait à décourager, à affaiblir le Pontife auquel il ne restait plus que le mouvement machinal de la main pour tracer une signature. Cette signature fut apposée le 25 janvier sur un papier que l'Empereur signa lui-même après lui. Cette dérogation aux usages reçus dans les conventions diplomatiques, avait été calculée pour éviter de la part du Pape tout refus de ratification.

Cette pièce signée, on parla aussitôt du rappel des cardinaux déportés et de la délivrance de ceux qui étaient en prison. Ce fut à grand'peine que Napoléon ordonna la mise en liberté du cardinal Pacca.

Dans les dispositions du Concordat de 1813, qui devait servir de base à un arrangement définitif, nous remarquons l'article suivant : 4º Dans les six mois qui suivront la notification d'usage de la nomination par l'Empereur aux archevêchés et évêchés de l'Empire et du royaume d'Italie, le Pape donnera l'institution canonique, conformément au Concordat et en vertu du présent indult. L'information préalable sera faite par le Métropolitain. Les six mois expirés sans que le Pape ait accordé l'institution, le Métropolitain, et à son défaut, ou s'il s'agit du Métropolitain, l'Evêque le plus ancien de la province, pourvoira à l'institution de l'Evêque nommé, de manière qu'un siège ne soit jamais vacant plus d'une année, etc.

Par ce traité, le Pape abandonnait la souveraineté de Rome, dont il n'avait que l'administration comme souverain élu ; il devait à peu près rester toujours en France, là où il plairait à l'Empereur de l'envoyer. »

Durant le séjour de l'Empereur à Fontainebleau, le Pape tint caché ses sentiments sur tout ce qui venait de se passer. A peine

Napoléon se fut-il éloigné, que le Saint-Père tomba dans une profonde mélancolie et fut tourmenté de nouveaux redoublements de fièvre.

La légende Pontificale avait pâli. La barque de saint Pierre devait-elle périr ? Ou bien le timonier reprendrait-il bientôt la barre du gouvernail avec une nouvelle vigueur ? Toutes les âmes pieuses se le demandaient. La Providence devait-elle rester insensible aux invocations de leur foi dans Celui qui a dit : « La barque de saint Pierre ne périra jamais ! »

Dès l'arrivée de quelques cardinaux, et principalement du cardinal di Pietro, le Pape s'entretient avec eux des articles du Concordat. Le soir du 18 février, arriva le cardinal Consalvi et le 27 le cardinal Pacca.

Le Pape fit demander aux cardinaux de mettre par écrit leurs opinions sur les différents articles du Concordat. Comme nous l'avons vu, le Sacré-Collège était scindé en cardinaux *rouges* et en cardinaux *noirs*, et, parmi ces derniers, il existait des divergences d'opinions.

Le cardinal Pacca disait avec beaucoup d'à-propos qu'il craignait ces nouveaux pasteurs, *lions dans la paix et cerfs dans le combat.*

Des voix nobles et généreuses firent entendre que le seul remède au mal était une prompte et éclatante rétractation, dont Pascal II, prédécesseur du Saint-Père et bénédictin lui-même, avait donné l'exemple.

Ces voix amies sont entendues. Pie VII, animé par les consolations de ces excellents conseillers, dégagé des symptômes de fièvre qui l'avaient accablé, s'arme de son ancien courage et va bientôt rehausser la légende Pontificale par la grandeur de l'humilité même, et par un triomphe qu'il est bien rarement donné aux hommes d'obtenir sur eux-mêmes. Trompant ingénieusement toutes les surveillances, il travaille pendant plusieurs jours ; il écrit de sa main une rétractation solennelle du Concordat, qu'il adresse à l'empereur Napoléon lui-même.

Dans la matinée du 24 mars, le Pape fit appeler le colonel Lagorsse, lui remit cette lettre pour l'Empereur, et lui recommanda de la porter en personne à Paris.

Le colonel parti, le Pape reçut les cardinaux individuellement, leur annonça l'envoi de cette lettre. Chacun d'eux reçut communication de la copie et prit connaissance de l'al-

locution pontificale préparée à cet effet, et dans laquelle le Saint-Père déclarait qu'il regardait comme nuls le bref qu'il avait donné à Savone et le Concordat du 25 janvier, et finissait ainsi : « Béni soit le Sei-
« gneur qui n'a pas éloigné de nous sa mi-
« séricorde ! C'est lui qui mortifie et qui
« vivifie. Il a bien voulu *nous humilier par*
« *une salutaire confusion*. En même temps,
« il nous a soutenu de sa main toute-puis-
« sante, en nous donnant l'appui opportun
« pour remplir nos devoirs en cette difficile
« circonstance. A nous donc soit l'humilia-
« tion, que nous acceptons volontiers pour
« le bien de notre âme ! A lui soient aujour-
« d'hui et dans tous les siècles l'exaltation,
« l'honneur et la gloire ! »

Au palais de Fontainebleau, le 24 mars 1813.

Après cet acte de vigueur, un changement imprévu se manifeste dans toute la personne du Saint-Père. Son visage reprend sa sérénité, au lieu de l'expression d'une douleur qui le consumait chaque jour ; il reprend également une partie de son humeur joviale, ses joues respirent de nouveau le charme, la douceur et la santé. Plus de plainte de sa part sur le manque d'appétit et de sommeil. Il se sentait soulagé, disait-il, d'un grand poids qui le fatiguait jour et nuit.

Bientôt les évêques français reçoivent l'ordre de se retirer du château. Il fut interdit aux habitants de la ville et aux étrangers de rang de venir entendre la messe du Pape. Le colonel Lagorsse signifia, au nom de l'Empereur, à tous les cardinaux, qu'il leur était défendu de correspondre au dehors, de participer à toute négociation, d'entretenir le Pape d'affaires. Le cardinal di Pietro fut envoyé en exil. Le Concordat était déclaré loi de l'Empire et inséré au *Bulletin des Lois*. Le Pape rédigea une allocution au Sacré-Collège, en date du 9 mai, dans laquelle il rappelait sa lettre à l'Empereur, du 24 mars, et la précédente allocution du même jour; et avertit les Métropolitains de n'avoir aucun égard au Concordat nul et révoqué.

Les cardinaux prirent copie de cette protestation et s'occupèrent de la rédaction d'une bulle pour le futur conclave, en cas de mort du Souverain-Pontife.

Le 2 mai, l'Empereur gagnait la bataille de Lutzen.

L'Impératrice fit annoncer cette nouvelle

au Pape par une lettre apportée par l'un de ses pages.

Le Pape y répondit par une lettre courtoise, d'un style froid, bref, en y introduisant une plainte très vive sur la conduite que le gouvernement tenait envers la Cour romaine.

Ayant su que l'on devait traiter de la paix générale au congrès de Prague, le Pape écrivit de sa propre main à l'empereur d'Autriche François Ier une lettre dans laquelle il réclamait, en face de l'Europe, ses droits et ceux du Saint-Siège sur l'Etat romain.

Cependant, à Paris, on continue à vouloir tenter un accommodement. La marquise Anne Brignole, née à Sienne, mariée à Gênes, dame du palais de l'impératrice Marie-Louise, est chargée de cette mission. Elle rapporte de Fontainebleau la réponse suivante : à savoir, qu'on n'était plus à temps, et que Paris n'était plus le lieu où l'on pût s'occuper des affaires de l'Eglise.

Mgr. Fallot, évêque de Gand, puis évêque de Plaisance, ensuite archevêque nommé de Bourges, ne fut pas plus heureux ; le 18 janvier 1814, il eut ordre de venir offrir au Saint-Père Rome et les provinces jusqu'à Perugia.

Le Saint-Père lui répondit qu'il ne pouvait écouter aucune négociation hors de Rome, parce que tout ce qu'il ferait hors de la résidence du Saint-Siège paraîtrait imposé par la violence et serait un scandale pour le monde chrétien. Il ajouta dans la conversation qu'il ne demandait qu'à retourner à Rome, et le plus tôt possible, qu'il *n'avait besoin de rien*, et que la *Providence l'y conduirait*; que ni la rigueur de la saison ni aucun obstacle ne l'arrêterait.

Sa Sainteté ajouta encore ces paroles :
« Il est possible que nos péchés ne nous
« rendent pas digne de revoir Rome ;
« mais nos successeurs recouvreront les
« Etats qui leur appartiennent. Au surplus,
« on peut assurer l'Empereur que nous ne
« sommes pas son ennemi ; *la religion ne*
« *nous le permettrait pas*. Nous aimons la
« France, et, lorsque nous serons à Rome,
« on verra que nous ferons ce qui est
« convenable. »

Le colonel Lagorsse qui avait, malgré la rigueur de sa mission, manifesté quelque vénération pour le Souverain-Pontife, s'étant introduit dans l'appartement du cardinal Consalvi pendant que ce dernier causait avec le cardinal Pacca, se montra sa-

tisfait de trouver les deux Eminences ensemble, désirant leur parler, et fit des instances réitérées pour qu'on s'occupât de nouveau d'un accommodement avec le Pape. Le cardinal Consalvi lui donna satisfaction par la réponse suivante. « Comment voulez-
« vous, monsieur le colonel, que nous tran-
« sgressions l'injonction que vous-même
« vous nous avez faite au nom de l'Empe-
« reur, de n'entretenir le Saint-Père d'au-
« cune affaire ecclésiastique ? » Tous les moyens étaient épuisés, la dame du Palais, l'évêque, l'officier, tous avaient échoué.

Quelque temps après la deuxième visite de M. de Beaumont, des voitures vides étaient rangées dans la cour du château.

Après le dîner, le colonel Lagorsse, adressant la parole aux cardinaux, et principalement au cardinal Mattei, leur annonça qu'il avait ordre de faire partir le Pape le jour suivant, et de le reconduire le plus tôt possible à Rome.

Quelques instants après, le colonel se rendait chez le Saint-Père, et, d'un ton respectueux, lui communiqua l'ordre du départ pour le jour suivant.

Malgré les instances du Pontife pour être accompagné de deux ou au moins d'un seul cardinal, il lui fut répondu que, suivant les instructions du gouvernement, il ne devait avoir dans son carrosse que Monseigneur Bertazzoli, et qu'une voiture de sa suite conduirait le docteur Porta, son médecin et l'un des chirurgiens de l'Empereur, chargé de prendre un soin spécial de la santé du Pape.

Le lendemain 23 janvier 1814, le Pape après avoir entendu la messe, se retira dans sa chambre à coucher, où il reçut tous les cardinaux qui se trouvaient à Fontainebleau, leur fit une allocution qui se terminait par les paroles suivantes : « Nous vous « commandons expressément (paroles inu-« sitées dans la bouche du Pape Pie VII), « de ne vous prêter à aucune stipulation de « traité, ni sur le spirituel, ni sur le tem-« porel, parce que telle est, à ce sujet, « notre volonté absolue. »

Ensuite après avoir pris quelques légers aliments, il descendit dans la cour du château, bénit le peuple rassemblé et, au milieu des sanglots de tous les assistants, monta en voiture.

Pendant que Napoléon, malgré tous les efforts de son génie, continuait d'être malheureux à la guerre, que la France était envahie, la capitale investie, le Saint-Père continuait son voyage triomphal. Il s'était fait une immense révolution à Paris à la suite de l'occupation de cette capitale par les alliés.

Le gouvernement provisoire, ayant eu connaissance du retard apporté au voyage du Saint-Père, prit le 2 avril l'arrêté suivant : « Le gouvernement provisoire, in-
« struit avec douleur des obstacles qui ont
« été mis au retour du Pape dans ses Etats,
« et déplorant cette continuation des outra-
« ges que Napoléon Bonaparte a fait subir à
« Sa Sainteté, ordonne que tout retarde-
« ment à son voyage cesse à l'instant, et
« qu'on lui rende sur toute la route les
« honneurs qui lui sont dus. Les autorités
« civiles et militaires sont chargées de
« l'exécution du présent arrêté. »

En passant à Césène, le roi Joachim Murat, présentant ses hommages au Pape, lui dit : « Comment Votre Sainteté se détermine-t-elle ainsi à aller à Rome ? » — « Il semble que rien n'est plus naturel. — Mais votre Sainteté veut-elle y aller malgré les Romains ? — Nous ne vous comprenons pas. — Des « principaux seigneurs de Rome et de riches « particuliers de la ville m'ont prié de

« faire passer aux puissances alliées un
« mémoire signé d'eux, dans lequel ils de-
« mandent à n'être gouvernés désormais, que
« par un prince séculier. Voici ce mémoire;
« j'en ai envoyé à Vienne une copie ; j'ai
« gardé l'original et je le mets sous les yeux
« de Votre Sainteté pour qu'elle voie les
« signatures. »

Le Pape prend le mémoire des mains de Joachim, et, sans le regarder, le jette au feu qui le consume à l'instant, puis il ajoute: « Actuellement, n'est-ce pas, rien ne s'op-
« pose à ce que nous allions à Rome ? »

Peut-on admirer une plus belle preuve de la bonté, de la générosité de l'âme de Pie VII? Dans son voyage, il ordonne que l'on accueille avec bienveillance madame Lœtitia, qui venait demander un asile à Rome, et le cardinal Fesch, qu'il traita avec une bonté particulière. « Qu'il vienne, qu'il vienne,
« dit-il; nous voyons encore ses grands vicai-
« res accourir à Grenoble au devant de
« nous ; Pie VII ne peut pas oublier le ton
« de courage avec lequel on a prêté le
« serment prescrit par Pie VI. »

Le 24 mai, le Pape fit son entrée solennelle dans Rome, ayant sur le devant de sa voiture le cardinal Mattei, doyen du

Sacré-Collége, et le cardinal Pacca. Que de sourires malins, en voyant escorter ce triomphe par le général Pignatelli-Cerchiera, qui avait commandé les troupes sur la place du Quirinal, au moment de l'enlèvement du Saint-Père !

L'un des seigneurs qui avait apposé son nom au bas du mémoire de Joachim, en avait demandé pardon au Pape. « Et nous, « répondit le Saint-Père, croyez-vous que « nous n'ayons quelque faute à nous repro- « cher ? Oublions mutuellement tout ce « qui s'est passé. » Belle parole qui conci- lia bien des cœurs. En pénétrant dans la foule, elle y causa une allégresse univer- selle.

Après les événements de Paris, qui avaient détruit la puissance de Napoléon, ce dernier avait échangé le plus beau trône de l'univers contre la souveraineté de l'île d'Elbe, où il se trouvait comme enfermé.

L'auteur de la légende Napoléonienne comprendra-t-il que le doigt de la Provi- dence a marqué sa chute, que le mo- ment est arrivé où il doit rentrer en lui-mê- me, reconnaître ses erreurs, laisser la paix à la France et à l'Europe, fatiguées des excès de son ambition, et enfin recouvrer la paix avec lui-même ? Osera-t-il braver les conseils d'En haut, gravés sur chacun de ses revers ?

Le 26 février 1815, Bonaparte quitte l'île d'Elbe ; le 22 mars, le Pape quitte Rome et se rend à Gênes. Le 11 avril, il écrit sa première lettre à M. de Jaucourt, qui remplaçait M. de Talleyrand auprès du roi Louis XVIII, et, lors de l'audience que l'ambassadeur eut du Pape, le Pontife lui dit devant le chevalier Artaud, secrétaire d'ambassade : « *Signor ambasciatore, non dubitate di niente ; questo è un temporale che durerà tre mesi.* »

Arrivé à Paris le 20 mars, Napoléon avait repris ses préparatifs formidables pour reconquérir la victoire. Son trône s'était définitivement effondré à Waterloo. L'épopée des Cents-Jours était terminée. Le Pape ne s'était trompé que de dix jours. Fugitif, Napoléon avait été demander un refuge sur la frégate anglaise le *Bellerophon*.

Bientôt, par ordre des souverains, il est transporté sur le rocher de Sainte-Hélène, à deux mille lieues du continent, où, au lieu d'un comte Salmataris à Savone, ou d'un colonel Lagorsse à Fontainebleau, il trouva pour maître des cérémonies sir James Hudson, dont le zèle et les services éminents ont rencontré, depuis, un souvenir de *great attraction* dans les annales de la postérité.

La légende Pontificale était triomphante. Servie par les hautes vertus de son illustre auteur, par les talents éminents du cardinal Consalvi, elle avait obtenu un plein succès au congrès de Vienne, qui venait de réparer tous les torts faits au Saint-Siège. Remis sur le trône de ses pères, le roi Louis XVIII reçoit les bénédictions du Saint-Père, et son premier soin est de conclure un concordat qui termine les affaires ecclésiastiques avec la France, le 11 juin 1817.

En 1818, le cardinal Fesch annonça au cardinal Consalvi que Napoléon et les personnes qui l'avaient accompagné à Ste-Hélène, s'affligeaient de ne pas avoir de prêtre catholique, et sollicitaient la protection du Saint-Père pour obtenir qu'un ecclésiastique de notre religion leur fût envoyé. Proférant à ce sujet des paroles remplies de charité, de bonté et de généreux intérêt, le Saint-Père s'empressa d'ordonner que l'on entamât les négociations nécessaires avec le gouvernement britannique. Entouré du respect de deux cents millions de fidèles, le saint Pontife avait repris avec vigueur la barre du gouvernail ; son regard, doux et serein, contemplait la chrétienté en priant : « La barque de saint Pierre ne périra jamais. »

Pie VII est aussi grand dans les jours de triomphe que dans l'adversité. Sa générosité peut-elle oublier son persécuteur ? Bientôt l'ex-conquérant de l'Europe, consumé par la douleur, vient déposer au pied du trône du Roi des Rois, du souverain Juge, la légende Napoléonienne entourée d'un crêpe de deuil ; il y dépose aussi ce manteau impérial, tissu de triomphes, émaillé par de nombreux points noirs, tristes flétrissures crayonnées par les revers et par les erreurs d'une insatiable ambition.

Le saint Vieillard lève les yeux au Ciel, implore le Tout-Puissant en faveur de l'auteur de tous ses maux.

« Dieu de miséricorde, dit-il, daignez
« écouter le plus humble de vos serviteurs,
« votre indigne Représentant sur la terre ;
« jetez un regard de compassion sur cet
« homme qu'il vous a plu de tant élever,
« de tant abaisser ; maintenez au Vicaire de
« votre divin Fils sa plus belle prérogative,
« le droit de pardonner et de bénir. »

ÉPILOGUE.

Le cardinal Pacca, instruit plus tard de la belle et courageuse conduite du docteur Claraz, en traversant Lanslebourg, le 8 février 1814, s'y arrêta pour lui adresser ses félicitations et ses éloges.

Son Eminence en fait mention dans ses *Mémoires*, ainsi que des soins empressés qu'elle en reçut elle-même pour sa propre personne, s'étant fracturée un bras par suite d'une chute de sa voiture à la descente du Mont-Cenis.

La question des honoraires à allouer au docteur Claraz, pour ses soins et son déplacement, fut l'objet d'un conflit entre le préfet du Pô et Dom Gabet, supérieur de l'hospice du Mont-Cenis, le préfet prétendant que c'était à l'hospice, richement doté, qu'il appartenait d'y pourvoir. Par suite de l'effondrement de l'Empire, cette allocation ne fut jamais fixée [1].

---

[1] Dans sa visite de congé à MM. de Rovigo et de Préameneu, ministres de l'Empereur, ces derniers après l'avoir vivement complimenté sur sa noble conduite et sur son dévoûment envers le Saint Pontife, vénéré de tous, lui avaient délicatement fait entrevoir une nomination dans l'ordre impérial de la Légion d'honneur.

Mais à Rome on pensa qu'un dévoûment de cette nature ne se récompensait pas par des allocations.

Une belle médaille d'or, ornée du portrait de Sa Sainteté, fut adressé de Rome au docteur Claraz; elle était accompagnée d'un diplôme de médecin honoraire du Saint-Père et de la Cour de Rome. Ce titre honorifique lui a été continué jusqu'à sa mort par les Souverains-Pontifes qui ont succédé à Pie VII.

Parmi les objets précieux que la famille Claraz conserve des bontés de Pie VII, se trouvent les feuilles desséchées d'une rose que, pendant son voyage, le Saint-Père avait tenue longtemps dans ses mains pour en respirer le parfum.

Lorsque le docteur Claraz se rendit à Rome, en 1817, il y fut, de même qu'à Fontainebleau, comblé par le Saint-Père des témoignages les plus touchants d'une auguste affection.

Le docteur Claraz mourut, dans son pays natal, le 5 juillet 1839, universellement regretté, après y avoir exercé, pendant cinquante-cinq ans, sa profession avec succès et distinction. Il avait été le condisciple de son compatriote Fodéré.

La gratitude du Saint-Père eut voulu s'étendre à la famille de son médecin. Celui à qui nous devons ces notes, devait selon les désirs souvent exprimés par Sa Sainteté, être élevé à Rome dans les écoles pies, mais la Providence en a décidé autrement. Sa Sainteté Grégoire XVI a envoyé à M. le chevalier Valentin Claraz la croix pontificale de Saint-Sylvestre. Suivant les ordres de Sa Sainteté, les insignes furent remis au destinataire par M. le baron de Géramb, d'origine française, procureur général des Trappistes, résidant à Rome et jouissant d'une considération toute particulière auprès du Souverain-Pontife.

Ce fils aîné du docteur Claraz s'étant rendu à Rome, en 1875, avec sa femme et quelques personnes de Chambéry, de la même famille, fut admis à l'audience du Saint-Père, le 23 avril ¹.

Pie IX, parlant à chacun en particulier, s'arrêta plus longuement avec le chevalier Claraz, qui s'était prosterné à ses pieds pour recevoir sa bénédiction. Sa Sainteté

---

¹ Baron du Noyer Frédéric, comte et vicomte Eugène et Benoît de Boigne, marquis de Travernay Ernest. *(Note de l'auteur.)*

lui tendit l'une de ses mains pour le relever, et prit ensuite connaissance des titres honorifiques que les Souverains-Pontifes, ses prédécesseurs, lui avaient décernés, ainsi qu'à son honorable père.

Quelques jours après cette audience, il reçut, avec quatre compagnons de voyage, l'insigne faveur d'assister à la messe de Sa Sainteté dans sa chapelle particulière, où tous reçurent de la main pontificale la sainte communion. Après la messe, ils furent également admis dans le jardin particulier du Saint-Père, où ils furent bientôt rejoint par Mesdames leurs épouses.

Pie IX ne pouvait oublier dans ses bénédictions la famille du courageux défenseur de la vie de son illustre prédécesseur. Favorisé par la fortune, le fils aîné du docteur Claraz n'a point vu son heureuse union complétée par le bonheur de laisser une postérité.

Plus heureux sous ce rapport, son neveu élève une famille, dont l'aîné joint aux avantages d'un physique distingué, les qualités morales qui se manifestent déjà par une excellente conduite et par de brillants succès dans ses premières études.

Puisse-t-il ne jamais oublier les précieux exemples de son grand'oncle, et se rappeler toujours que l'on crie : « Dieu et Patrie » dans les montagnes hospitalières de la vaillante et fidèle Savoie !

M.-F. DE VIRIDAR.

FIN.

www.ingramcontent.com/pod-product-compliance
Lightning Source LLC
LaVergne TN
LVHW051502090426
835512LV00010B/2292

PIERREFONDS-LES-RUINES

ET

PIERREFONDS-LES-BAINS.

TYPOGRAPHIE C. MOISAND,
Imprime ur de la Préfecture de l'Oise, rue des Flageots, 15,
A BEAUVAIS.

PIERREFONDS-LES-RUINES
ET
PIERREFONDS-LES-BAINS,

par Constant MOISAND,

SUIVI

D'UNE ÉTUDE MÉDICALE

SUR LES EAUX MINÉRALES SULFUREUSES DE PIERREFONDS,

PAR LE Dr SALES-GIRONS,

Médecin-Inspecteur de ces eaux.

PRIX : 60 CENTIMES.

PARIS,
GERMER BAILLIÈRE, LIBRAIRE,
Rue de l'Ecole-de-Médecine, 17.

1856.

PRÉLIMINAIRES.

Si vous êtes touriste, si vous aimez les vieux monuments, les ruines imposantes et grandioses, les sites pittoresques, les bois épais et les eaux limpides, allez à Pierrefonds !...

Si vous êtes malade — ou si vous croyez l'être, — si vous êtes atteint d'affections de l'estomac, de la poitrine ou du foie, de rhumatismes, de blessures anciennes, allez encore à Pierrefonds !

Pour nous y rendre, nous passons le plus ordinairement par Compiègne. Si nous ne connaissons pas cette délicieuse ville, nous nous y arrêtons assez de temps pour visiter les ruines des fortifications, l'hôtel-de-ville, le musée Vivenel, l'église Saint-Jacques, le château.

Compiègne, par son immense et magnifique forêt, par son chemin de fer et sa grande rivière, par le parc élégant de son beau château impérial, est bien l'une des cités les plus agréables qu'on puisse rencontrer.

Il ne m'appartient pas d'en faire ici l'histoire ; j'en dirai un mot seulement — rien qu'un mot — pour ceux de mes lecteurs qui voudraient, en se rendant à Pierrefonds, suivre mon conseil et consacrer un peu de leurs instants à la charmante ville.

Compiègne fut bâti par les Gaulois. — Il y a longtemps de cela comme on voit. — Clotaire y mourut en 561 ; et, aux combats sanglants que s'y livrèrent les Francs, succédèrent bientôt des luttes moins terribles et moins farouches. La chasse attira successivement à Compiègne tous les rois de la première et de la seconde race ; — la ville fut agrandie, en 876, par Charles-le-Chauve, qui lui donna le nom de *Carlopolis*. En 1430, Compiègne fut assiégé par les Bourguignons et par les Anglais : Jeanne-d'Arc y fut faite prisonnière, le 24 mai ; les Anglais acharnés à sa mort, la firent condamner comme sorcière par un tribunal inique que présidait l'évêque de Beauvais, Cauchon, — puisqu'il faut l'appeler par son nom !

Une page moins triste de l'histoire de Compiègne est le fameux camp de Coudun, où Louis XIV rassembla soixante mille hommes pour étonner l'Europe, comme dit saint Simon « par une montre de puissance qu'elle
» croyait avoir épuisée par une guerre longue et géné-
» rale, et en même temps, pour donner, et plus encore
» à madame de Maintenon, un superbe spectacle sous
» le nom de Monseigneur le duc de Bourgogne. »

Boufflers qui commandait ce camp, crut qu'il était de son devoir et de son honneur d'y manger sa fortune en fêtes qui émerveillèrent la cour et le Roi d'Angleterre. Quand Louis XIV lui dit comme après la prise de Furnes : « Je suis content de vous, » le maréchal s'estima heureux et n'eut point de regrets.

Louis XV vint ensuite. Il devait faire de Compiègne son séjour de prédilection et lui donner ce luxe, cet éclat, cette magnificence de cour qui contribuèrent si puissamment à sa prospérité. Il ordonna à l'architecte Gabriel d'élever sur les ruines d'une antique maison de chasse, un château d'une splendeur toute royale. C'est celui que nous voyons aujourd'hui.

Le 27 mars 1810, la cour d'honneur du château de Compiègne s'ouvrit pour recevoir l'archiduchesse Marie-Louise d'Autriche. Par une attention délicate, l'Empereur avait voulu que la princesse se retrouvât à Compiègne en quelque sorte dans sa patrie. Ainsi, on avait préparé un appartement tout-à-fait identique à celui qu'elle occupait à Schœnbrun, et dans le parc, on avait élevé comme par enchantement un berceau de verdure, d'un kilomètre d'étendue, qui devait lui rappeler un autre berceau bien cher à son cœur.

Compiègne a été souvent, depuis le premier empire, témoin de chasses splendides. Par les souvenirs qu'il rappelle, par les monuments qui le distinguent, il est digne de l'attention des archéologues et des touristes. Arrêtez-vous donc à Compiègne, ô vous qui allez à Pierrefonds, et si vous y séjournez, descendez à *l'Hôtel de la Cloche*, à cet ancien hôtel dont Alexandre Dumas fait mention dans son Monte-Christo. — Les propriétaires, MM. Vuillemot et Morlière, vous donneront tout le confortable que vous pourrez désirer ; ils ont un bon chef de cuisine, une bonne cave, et n'écorchent pas trop les voyageurs.

Les omnibus pour Pierrefonds partent de l'*Hôtel de la Cloche* ; le prix en est de 2 francs pour l'aller et le retour, et de 1 fr. 25 pour l'aller seulement. Les personnes qui aiment leurs aises, et qui veulent voir commodément la forêt, peuvent trouver de bonnes calèches chez Roussel, place du Château, et chez Ozouf, rue du Chat-qui-tourne.

Pierrefonds n'est qu'à douze kilomètres de Compiègne. On y arrive par l'excellente route de Villers-Cotterets qui traverse la forêt : impossible d'imaginer des sites plus pittoresques et plus séduisants.

Une fois à Pierrefonds, s'il vous faut un hôtel, vous n'avez que l'embarras du choix. Vous trouvez l'*Hôtel des Bains*, le *Grand-Hôtel de Pierrefonds*, l'*Hôtel des Ruines*, et l'*Hôtel des Étrangers*.

L'hôtel le plus confortable, et sans contredit le plus aristocratique, est l'*Hôtel des Bains*. Vous le remarquerez, dès votre arrivée, au milieu d'un délicieux parc, et coquettement assis sur les bords du grand étang. C'est une très-gracieuse maison de campagne, un moderne château qu'on a converti en hôtel. Il y a là tous les agréments de la vie champêtre, — de la vie de château s'entend ; — le casino et les jeux divers s'y trouvent ; on y a sous la main l'étang pour la pêche et pour le canotage ; on y rencontre un bon restaurant ; des remises et des écuries y sont annexées ; enfin , c'est le rendez-vous de la bonne compagnie , et nous serons nécessairement obligé d'en parler encore, puisqu'il fait partie intégrante, pour ainsi dire, du bel établissement des bains, de cette nouvelle heureuse fortune de Pierrefonds. L'*Hôtel des Bains* est géré par Madame d'Hovine. L'éloge de cette dame se trouve dans la bouche de tous ceux qui ont pu apprécier l'ordre extrême et le bon goût qui règnent dans sa maison.

Le *Grand Hôtel de Pierrefonds* a pour lui un nouveau Vatel, le fameux Hochard, ancien chef de cuisine chez un ambassadeur. Je conviens volontiers que Hochard est un véritable talent dans l'art culinaire. J'ai toujours eu la reconnaissance de l'estomac, et chaque fois que j'ai eu l'occasion de bien dîner quelque part, je l'ai dit : Pourquoi non ? La cuisine du *Grand Hôtel de Pierrefonds* est fine et délicate ; les vins y sont bons et généreux : avis aux gourmets !

L'*Hôtel des Ruines* est tenu par Connétable-Terjus. J'ai ouï dire que Mme Connétable s'entendait parfaitement à faire la cuisine de chasse, et qu'elle excellait surtout dans la matelote et le lapin sauté.

Je n'aime pas à parler de ce que je ne connais pas ; c'est pourquoi je passe sous silence l'*Hôtel des Etrangers*. Je crois, cependant, que c'est là qu'il faut descendre quand on vise à l'économie.

En dehors des hôtels, on trouve aussi dans Pierrefonds de petites maisons et des appartements meublés. On doit sous ce rapport désirer un progrès qui s'opérera évidemment au fur et à mesure de l'importance plus grande que ne peut manquer de prendre l'établissement des bains.

Maintenant que vous êtes installé à Pierrefonds, ami lecteur, je gage que votre plus grand désir est de courir aux ruines du château féodal, et d'apprendre l'histoire de ses anciens seigneurs Je vais donc essayer de satisfaire votre curiosité, avant de vous entretenir de Pierrefonds moderne — de Pierrefonds-les-Bains.

C. M.

PIERREFONDS-LES-RUINES.

Pierrefonds était renommé jadis autant par la force de son château que par la puissance de ses seigneurs. L'aspect seul des ruines majestueuses et sévères qui sont encore debout, montre assez quels pouvaient être la conduite et les desseins des premiers maîtres. Retranchés sur des hauteurs, bien fortifiés dans leur château, ces hardis chevaliers réduisaient leurs plus nobles et plus vaillants voisins à la nécessité de les craindre et de rechercher leur alliance. Les églises, les monastères, les communautés d'habitants se plaçaient sous leur sauve-garde, moyennant des concessions de territoire et des redevances féodales. Pendant deux siècles, les seigneurs de Pierrefonds établirent leur domination sur une vaste étendue de pays, soit par leur épée, soit par la protection qu'ils accordaient, et ils devinrent redoutables aux rois eux-mêmes.

Antérieurement au château dont nous admirons les restes, il en existait un autre, situé sur l'emplacement qu'occupe à présent la ferme *du Rocher*. On ne sait pas au juste en quelle année fut édifié ce premier château, mais ce qui est certain, c'est qu'il remonte au-delà de 1,060. Une pente fort raide le rendait inaccessible de plusieurs côtés. Un grand et majestueux donjon, accompagné de deux tours énormes par leur grosseur et par l'épaisseur de leurs murs, en défendait l'accès du côté de la plaine de Béronne. Des fossés profonds, des redoutes, et toutes sortes d'ouvrages avancés couvraient une partie de cette plaine. On dit que cet ancien château fut construit avec les débris d'une maison royale qu'on appelait le palais du Chesne, et qui était établie à peu de distance du Chêne-Herbelot. Sous les rois de la seconde race, on y aurait tenu des parlements et des assemblées de la nation. Les premiers seigneurs de Pierrefonds étaient châtelains de cette maison royale, et comme ils vivaient au temps où les Normands ravageaient la France, ils durent se fortifier le mieux possible : par leur valeur, ils s'acquirent une renommée qui s'étendit au loin.

Les anciens châteaux-forts n'avaient d'abord été construits que pour servir de barrière aux invasions des ennemis du dehors. Ce ne fut que plus tard qu'ils devinrent pour la plupart le séjour de seigneurs orgueilleux, occupés à lever des impôts arbitraires sur des voisins qu'ils auraient dû défendre et protéger.

Quand le premier château de Pierrefonds tomba en ruines, que ses logements ne furent plus assez vastes, ni assez commodes, quand il parut indigne d'un domaine royal, Louis d'Orléans, frère de Charles VI, et premier duc de Valois, jugea à propos de l'abandonner aux religieux de Saint-Sulpice et de Saint-Mesmes, et d'en élever un nouveau qui fut un véritable chef-d'œuvre d'architecture (1).

A l'est, et non loin de l'ancien édifice, était une croupe de montagne qui s'avançait dans la vallée, et que la nature semblait avoir disposée pour l'établissement d'une grande forteresse. Ce fut là qu'en 1390 on construisit le second château de Pierrefonds.

Les historiens qui ont pu le voir avant 1617 n'en parlent qu'avec admiration. Monstrelet le nomme un *châtel moult bel, et puissamment édifié;* il ajoute *qu'il était moult fort défensable, bien garni et rempli de toutes choses appartenant à la guerre.*

Le château avait la forme d'un trapèze irrégulier; sa surface était d'environ 6,390 mètres carrés. Une haute muraille, surmontée d'un double chemin de ronde avec créneaux et machicoulis, reliait les sept tours circulaires, qui formaient comme autant de petites forteresses où quelques hommes pouvaient résister avec succès à un grand nombre. Quatre de ces

---

(1) Thibaut de Pierrefonds avait fondé vers le douzième siècle le prieuré établi dans le château en l'honneur de saint Sulpice, et y avait établi des religieux de Marmoutier. On sait que ces derniers étaient des moines bénédictins dont la maison principale était située près de Tours.

Un siècle plus tard, Nivelon II avait fait don au prieuré de Saint-Sulpice de l'église de Saint-Mesmes, située pareillement dans l'enclos de son château.

tours coupaient les angles de l'enceinte ; les trois autres étaient au milieu de chacun des côtés de l'est, du nord et de l'ouest. La tour de l'est, d'une saillie extérieure considérable, renfermait la chapelle dédiée à saint Jacques. Le donjon, se trouvait près de l'angle sud-est, il était couvert d'une terrasse avec parapet crénelé, et flanqué à chacun de ses angles d'une guérite ronde en encorbellement. C'était la demeure du seigneur et le dépôt des archives. Enfin, d'autres bâtiments destinés aux gens de la suite, aux offices, aux cuisines et à tous les accessoires d'une maison princière, étaient adossés au mur d'enceinte, à droite et à gauche de l'entrée principale. Cette entrée, couverte de sculptures représentant des têtes de sangliers et de loups, était flanquée de tourelles et protégée d'un haut corps-de-garde. Il fallait franchir des fossés et plusieurs ponts-levis pour arriver dans la grande cour où se trouvaient les remises et les écuries. Les tours et les murs de ce château étaient assis sur le roc. Les tours avaient 36 mètres de hauteur en maçonnerie, et comme le roc ne couvrait pas toute la surface de la montagne, on profita des intervalles pour établir des galeries et des caves.

Le château de Pierrefonds était l'un des plus formidables du moyen-âge. Tout le soin qu'on avait apporté à sa construction militaire, n'avait pas empêché d'en faire à l'intérieur un lieu de luxe et de délices. Quand ils n'étaient pas en campagne, les seigneurs y trouvaient d'aimables distractions. Rien ne manquait à leur sensualité, ni la bonne chère, ni le bon vin, ni les folles maitresses. Au reste, ils avaient cela de commun avec tant d'autres puissants de la terre, et leur vie se partageait entre les combats, les amours faciles, les plaisirs de la table et ceux de la chasse.

Plan géométral du second château de Pierrefonds.

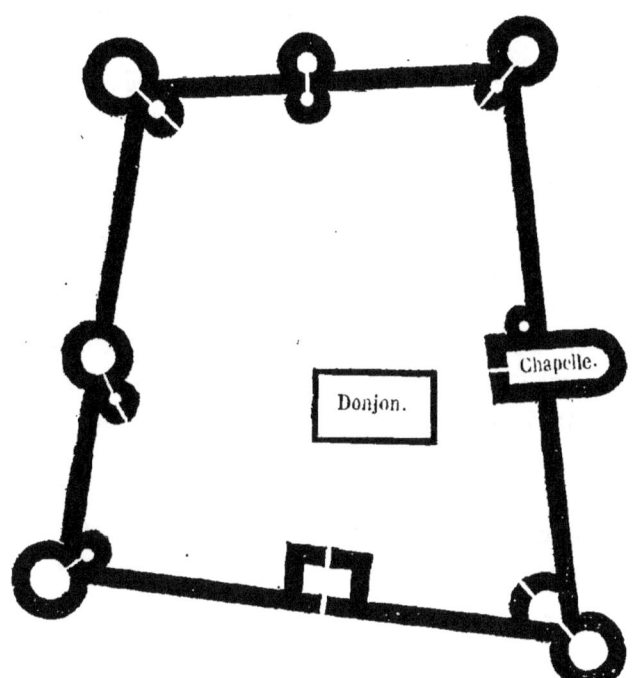

Mais il nous faut reprendre de plus haut. Après avoir donné une description du dernier château de Pierrefonds, nous devons revenir à l'histoire des puissants seigneurs qui ont ajouté par leurs succès, et même par leurs revers, un nouvel intérêt aux ruines que nous voulons visiter.

L'origine des premiers seigneurs de Pierrefonds est fort obscure : on ne connaît exactement leur lignée qu'à partir du onzième siècle. Nivelon Ier, de Pierrefonds, fils de Nicolas Ier, assista à l'assemblée des grands du royaume, tenue à Laon en 1047 par le roi Henri Ier. Son nom figure sur une charte royale qui prescrit la restitution d'un bien usurpé sur le monastère de Saint-Médard de Soissons.

Il possédait, outre la terre de Pierrefonds, une portion considérable de la forêt de Cuise (1) et de celle de Retz, diverses seigneuries, bon nombre de bénéfices, des cures, des prieurés, des vicomtés, des dîmes ; en un mot, son immense châtellenie s'étendait, d'un côté, jusqu'au faubourg de Crise de Soissons, et de l'autre, jusqu'au Bourget, près de Paris. Nivelon était redoutable pour ses voisins, car il pouvait en peu de temps rassembler « de ses avoueries » plusieurs corps de troupes de vassaux dont il donnait le commandement à des chevaliers exercés dans le métier des armes.

Quoiqu'il eût reçu de ses aïeux la plus grande partie des immenses biens dont il jouissait, il lui vint des scrupules sur la façon dont ils avaient été acquis. Il pensa donc faire pardonner de nombreuses exactions, en fondant une église collégiale pour les habitants du bourg, à la place d'une chapelle fort étroite, qui se trouvait au bas de la montagne. A cette époque, il y avait déjà un bourg de Pierrefonds, peuplé de familles qui avaient abandonné les campagnes voisines pour venir implorer du seigneur des secours en cas d'attaque, et se réfugier au besoin dans l'immense forteresse par des conduits souterrains.

(1) **La forêt de Cuise devint en 1346 la forêt de Compiègne.**

La nouvelle église fut placée sous l'invocation de saint Sulpice. Nivelon y fonda un chapitre de chanoines, et y plaça comme doyen son frère Thibaud, depuis évêque de Soissons. Quand vint sa mort, vers 1072, il fut inhumé dans un caveau attenant à cette église. Les historiens ont conservé son inscription funéraire comme un monument des temps féodaux ; en voici la traduction : CI GIT NIVELON I, SEIGNEUR DE PIERREFONDS, QUI A FONDÉ CE LIEU, ET QUI A FAIT LE PRIEUR SON PAIR DE FIEF ET DE NOBLESSE. Au treizième siècle, le nombre des pairs de cette châtellenie s'élevait à soixante. Le droit de pairie appartenait à certains fiefs ; il fallait être noble pour l'exercer.

Nivelon eut cinq enfants : Jean auquel il donna le vicomté de *Chelle;* Pierre qui devint la tige des seigneurs de Vic-sur-Aisne ; Hugues, élu à l'évêché de Soissons ; Arnould, mort sans postérité, et Nivelon II, héritier, comme aîné, de la châtellenie.

Nivelon II alla mourir en Terre-Sainte en 1102, avec son frère, l'évêque de Soissons. Ses successeurs furent : Drogon ou Dreux qui s'occupa pendant toute sa vie d'étendre et d'embellir sa seigneurie ; Dreux II, qui se fit connaître surtout par ses contestations avec plusieurs établissements religieux dont il avait pris les biens ; et Nivelon III qui, étant mort en 1174 sans enfants, laissa ce qu'il possédait à sa sœur Agathe de Pierrefonds. Celle-ci épousa Conon, comte de Soissons, d'un despotisme extraordinaire. Il s'emparait de tous les domaines à sa convenance, y mettait des garnisons, et bravait jusqu'à l'autorité du roi. Conon n'eut pas d'enfants, et, avec sa veuve, s'éteignit la première maison de Pierrefonds. Les biens immenses que possédait Agathe, furent divisés entre ses collatéraux.

Mais le roi Philippe-Auguste avait résolu d'annihiler la puissance des seigneurs de Pierrefonds, dont la force et le crédit avaient souvent balancé l'autorité de ses prédécesseurs. Il se fit donc céder, en 1193, par Gaucher de Châtillon, comte de Saint-Pol et bouteillier de Champagne, la part que celui-ci pouvait avoir sur Pierrefonds, moyennant quatre-vingts livres de rentes, à prendre sur Clichy-la-Garenne et sur Montreuil-aux-Bois. Avant la mort d'Agathe, en 1180, Philippe-Auguste avait déjà traité avec Nivelon, évêque de Soissons, de tous les droits auxquels il pouvait prétendre sur la seigneurie et sur le château de Pierrefonds. La clause principale de cette cession portait que Nivelon et les évêques ses successeurs seraient déchargés du droit de gîte qu'ils devaient annuellement au roi.

En 1183, Agathe de Pierrefonds avait donné aux religieux de Longpont quelques biens dépendant de son domaine. Le roi racheta ces biens dans la dernière année de son règne, et tenta même de s'approprier ce qui restait encore de la seigneurie de Pierrefonds. Il confia l'administration de la châtellenie à des baillis et à des prévôts qui exerçaient en même temps les fonctions de receveurs et de juges. Quant à la jouissance des bâtiments du château, elle fut abandonnée aux religieux de Saint-Sulpice. La vicomté de Pierrefonds que Philippe-Auguste ne put acquérir, fut possédée pendant plusieurs siècles par des descendants de Jean de Pierrefonds, du nom de Morienval. Ce domaine passa dans le 13ᵉ siècle aux mains de Raoul de Vienne, seigneur d'Autreval, et devint ensuite la propriété de la maison d'Estrées, branche de Cœuvres. Le maréchal d'Estrées portait encore, en 1668, le titre de vicomte de Pierrefonds que ses descendants conservèrent.

Les habitants du bourg de Pierrefonds jouissaient d'une charte de commune, que Philippe-Auguste renouvela et confirma d'autant plus volontiers, que les priviléges qu'elle accordait tendaient à l'anéantissement des fieffés du château. Ainsi, cette charte proscrivait l'exercice des droits de servitude, de main-morte et de for-mariage, sous la condition, cependant, que les hommes affranchis ne pourraient contracter d'alliance avec les « serves » des lieux voisins. Les bourgeois de Pierrefonds devaient fournir au roi, en retour de cette immunité, soixante sergents et une voiture à quatre chevaux. Les arrière-fiefs payaient d'ailleurs des redevances particulières. Saint Louis ratifia ces priviléges. Suivant un compte de 1202, on sait que la terre de Pierrefonds rapportait annuellement au roi onze cent cinquante livres.

La châtellenie de Pierrefonds était déjà réunie au Valois, lorsque saint Louis donna ce pays à la reine Blanche, sa mère. A la mort de la princesse, le roi disposa de la seigneurie en faveur de son fils Tristan, et quand celui-ci vint à mourir, en 1270, sa veuve Yolande perçut un revenu de 2,000 livres sur les domaines de Pierefonds et de Viviers. Le Valois fit alors retour à la couronne.

Les mardi 23 et mercredi 24 octobre 1308, Philippe-le-Bel séjourna au château de Pierrefonds.

Depuis qu'elle était tombée dans le domaine royal, la seigneurie de Pierrefonds avait vu s'éteindre un à un ses priviléges : ce ne fut que sous Louis d'Orléans, premier duc de Valois, qu'elle reprit une véritable importance. On sait que la seconde forteresse fut établie, en 1390, par les soins de ce prince, la première ayant été abandonnée, ainsi que nous l'avons dit, aux religieux de Saint-Sulpice.

Louis d'Orléans ne voulait pas seulement élever un monument qui fût digne d'un domaine royal, il tenait aussi à augmenter le nombre des places de sûreté. A peine le second château de Pierrefonds fut-il achevé, en 1407, qu'il fut assiégé par les Bourguignons. Bosquiaux, célèbre orléaniste, le défendit vigoureusement, poursuivit ses ennemis dans leur retraite, et les contraignit d'abandonner les tours d'Amblemy, de Viviers, de Courtieux qu'ils tenaient bloquées.

Le château de Pierrefonds pouvait opposer une résistance longue et vigoureuse. Au moyen-âge, les moyens de défense étaient supérieurs aux moyens d'attaque, et toute place était imprenable de vive force quand elle était située dans un lieu de difficile accès, et que ses remparts étaient assez élevés pour braver l'escalade ou la sape. Le château de Pierrefonds se trouvait défendu naturellement par ses fortifications, et Bosquiaux y avait une garnison et des munitions importantes.

En 1411, quand Valéran, comte de Saint-Pol, se présenta à la tête des Bourguignons pour mettre de nouveau le siége devant la place, Bosquiaux, quoiqu'en mesure de résister et de triompher de ses ennemis, paraissait décidé à se rendre. On suppose qu'il avait reçu des ordres secrets du duc d'Orléans, qu'il devait livrer le château et tirer de sa capitulation le meilleur parti possible, plutôt que de laisser endommager par un siége un tel chef-d'œuvre d'architecture. Le duc savait bien, d'ailleurs, que Pierrefonds lui serait aisément restitué, quand il aurait fait la paix avec le roi son oncle.

Bosquiaux dicta donc des conditions au comte de Saint-Pol. Ainsi, il demanda qu'on lui payât deux mille écus d'or comptant; que la dame de Gancourt reçût un sauf-conduit pour se rendre au château de Coucy; que la liberté fût donnée, à lui et à ses gens, d'emporter leurs effets, et que tous sortissent avec les honneurs de la guerre. Bosquiaux évacua le château; le comte de Saint-Pol en prit possession, et s'en fit nommer gouverneur par le roi.

Après la paix d'Auxerre, signée vers la fin de l'année 1412, le duc d'Orléans rentra dans les bonnes grâces du roi. Tous ceux de ses biens qui avaient été pris ou confisqués lui furent rendus, mais le comte de Saint-Pol, qui commandait à Coucy et à Pierrefonds, refusa de lui restituer ces deux forteresses.

Le roi cependant prit parti pour le duc d'Orléans et pressa Valéran d'abandonner Pierrefonds. Le comte fit de très-justes représentations : il dit qu'on l'avait nommé à perpétuité capitaine de Pierrefonds; qu'il avait déboursé deux mille écus d'or pour en obtenir la conservation; que les préparatifs du siége lui avaient coûté de fortes sommes, et qu'il restituerait Pierrefonds et

Coucy si on lui accordait des dédommagements convenables.

Quelques légitimes que parussent les demandes de Valéran, on ne put y souscrire. L'État était trop obéré alors, et les finances du duc d'Orléans suffisaient à peine à soutenir sa maison. Valéran, pressé de toutes parts, se détermina à céder ; mais il voulut en même temps tirer vengeance des procédés du prince, et avant de rendre le château, il y fit mettre le feu en différents endroits. Le progrès des flammes fut terrible : elles consumèrent en peu d'instants la plus grande partie des toits et endommagèrent même les couronnements de quelques-unes des tours. Celle de la chapelle, surtout, eut beaucoup à souffrir. Le comte de Saint-Pol prétendit que l'incendie ne pouvait être attribué qu'à une cause fortuite ; mais le duc d'Orléans n'en voulut rien croire, et au mois de décembre 1413, les clés du château furent remises à Gosselin-Dubos, bailli de Sens, commissaire royal, qui en prit possession. On s'efforça de réparer les ravages occasionnés par les flammes, sans parvenir cependant à donner aux parties endommagées leur magnificence première.

Le gouvernement de Pierrefonds fut rendu à Bosquiaux. En 1417, Hector de Saveuze s'empara de Compiègne, et quelques-uns de ses partisans poussèrent la hardiesse jusqu'à s'avancer aux portes du château de Pierrefonds. Bosquiaux, le premier capitaine de son temps, comme l'appelle l'historien du duché de Valois, ne prit pas d'abord au sérieux leurs attaques, mais enfin se décidant à en tirer profit, il se mit à leur poursuite et parvint même, par un heureux coup de main, à s'emparer de Compiègne.

C'était un temps de troubles et de calamités. Bosquiaux servait noblement son parti : par son courage, par son intelligence, il fut d'un très-grand secours, et parvint à préserver une portion considérable du Valois des incursions ennemies. Mais l'hiver de 1420 fut très-rude; les garnisons de Compiègne et de Pierrefonds étaient épuisées, et quand Henri, roi d'Angleterre, se présenta devant le château de Pierrefonds, son vaillant capitaine, qui manquait de vivres et de munitions de guerre, ne put faire autrement que de capituler. Il lui fut permis de se retirer avec sa troupe au château de Choisy-au-Bac.

Le château de Pierrefonds fut confié alors à Henri de La Tour ; Charles VII ne le recouvra qu'en juillet 1429, avec plusieurs autres, après avoir été sacré à Reims. Peu après, le général anglais Hungtington, qui avait repris Verberie, Longueil, Gournay, etc., se porta devant Pierrefonds, mais il n'osa entreprendre le siége, tant la place lui parut importante.

Le château de Pierrefonds fut réparé aux frais et par es soins de Louis XII, qui en remit le commandement à Nicolas de Bonnery, grand-maître des eaux et forêts du Valois.

En 1588, le château fut occupé par les Ligueurs, le commandant Nicolas Esmangard s'étant retiré avant l'attaque. Pendant les années 1591 et 1592, Henri IV voulut réduire les forteresses de la Ferté-Milon et de Pierrefonds, et dès le mois de mars 1591, le duc d'Epernon fut envoyé à cet effet dans le Valois. Antoine de Saint-Chamant commandait pour la Ligue à la Ferté-Milon ; il avait placé, à Pierrefonds, comme lieutenant, le fameux Rieux, petit-fis d'un maréchal ferrant de *Rethondes*. Le duc d'Epernon marcha avec confiance sur Pierrefonds, croyant avoir à faire à un ennemi ordinaire. Il reconnut bientôt son erreur. Rieux ne manquait pas de qualités militaires ; il avait de l'intelligence ; il était audacieux et entreprenant. Né dans une condition obscure, il avait pu cependant trouver un emploi dans les vivres de l'armée et faire quelques économies. Pour satisfaire ses goûts, il s'était appliqué au métier des armes, et devint partisan. Il offrit à la Ligue ses services qui furent acceptés d'autant mieux, qu'il ne demandait ni argent, ni soldats. Il lui suffisait d'exercer ses talents sur les royalistes et sur leurs terres, avec l'aide de vauriens qu'il entendait recruter à sa façon.

La satire Ménippée (1) lui fait jouer un rôle important. Rieux est représenté comme le chef de la noblesse militaire, dans une assemblée générale de la Ligue, et on lui attribue des paroles qui le dépeignent parfaitement.

Le discours qu'on lui prête, est précédé de quelques remarques sur sa personne. On l'appelle M. de Rieux, *le*

---

(1) La satire Ménippée fut écrite pour tourner en dérision les partisans de la Ligue auxquels on prête dans l'ouvrage des discours souvent exagérés. La personne du roi d'Espagne, le légat du pape et quelques évêques ennemis de Henri IV n'y sont pas ménagés. En France, on rit de tout, et toujours l'arme du ridicule fut puissante ; la satire Ménippée vint en aide au parti du roi.

jeune, pour le distinguer de l'illustre maréchal de Rieux. Il est nommé seigneur, comte et gardien de Pierrefonds, et on le place sur un beau siége en qualité de chef et président de la noblesse. Comme le roi d'Espagne était l'un des principaux chefs de la Ligue, on donne à Rieux le costume espagnol ; enfin, on lui fait porter deux ou trois fois la main à la gorge et au cou, par pressentiment du supplice de la corde qui devait si bien terminer sa carrière. Après toutes ces précautions oratoires, Rieux prend la parole en ces termes :

« Messieurs, je ne sais trop pourquoi l'on m'a député
» pour porter la parole en si bonne compagnie au nom
» de toute la noblesse de notre parti. Il faut bien qu'il
» y ait quelque chose de divin en la *sainte Union*, puisque
» par son moyen je suis devenu de *malotru*, commissaire
» d'artillerie, gentilhomme et gouverneur d'une belle
» forteresse (Pierrefonds). Mon avancement n'est pas
» encore à son terme : j'ai l'espérance de m'égaler aux
» plus grands Seigneurs, en montant plusieurs degrés,
» à reculons ou autrement, pour arriver au comble de
» la fortune et au terme d'une vie glorieuse (1). J'ai
» bien sujet de vous imiter, M. le lieutenant, puisque
» tous les pauvres prêtres, moines, gens de biens et
» dévôts catholiques, vous comblent de félicitations, et
» vous apportent des chandelles comme à un saint
» Machabée du temps passé. C'est pourquoi je me donne
» au plus vîte des diables, que si aucun de mon gou-
» vernement s'ingère à parler de paix, je le courrai

(1) Allusion à la potence.

» comme un loup gris ; vive la guerre ! Je vois certains
» nobles, qui parlent de conserver la Religion, et l'État
» tout ensemble. Ils disent que les Espagnols perdront à
» la fin l'un et l'autre, si on les laisse faire : quant à
» moi je n'entends point ce langage. Pourvu que je lève
» toujours les tailles et qu'on me paye bien mes appoin-
» tements, peu m'importe que deviendra le Pape et sa
» femme. J'ai des intelligences dans Noyon. Si je viens à
» bout de le prendre, je serai Evêque de la ville et des
» champs. Cependant je courrai la vache et le manan ; et
» il n'y aura paysan, laboureur ni marchand autour de
» moi, dix lieues à la ronde, qui ne me paye taille ou
» rançon.

» J'ai de jolies inventions pour les mettre à la raison.
» Je leur donne le frontal de cordes liées en cordelières :
» Je les pends sous les aisselles : je leur chauffe les
» pieds d'une pelle rouge : je les mets aux fers et aux
» ceps : je les enferme en un four, ou en un coffre percé
» que je mets dans l'eau : je les pends en chapons rôtis :
» je leur donne les étrivières : je les sale : je les fais
» jeûner, je les attache étendus dans un van : bref,
» j'ai mille gentils moyens, tours de souplesse et inven-
» tions, pour tirer la quintessence de leurs bourses,
» et avoir leur substance pour les rendre bélîtres,
» à jamais, eux et leur race.

» Qu'on ne me parle ni de point d'honneur ni de
» naissance... je me mets peu en peine de pancartes et
» de titres, ni des armoiries timbrées et non timbrées.
» Je veux être vilain de quatre races, pourvu que je
» reçoive toujours les tailles sans rendre compte.... Je

» n'ai point lu les histoires, mais j'ai ouï conter à ma
» grand'mère, lorsqu'elle portait son beurre au marché,
» qu'il y avait eu anciennement un Gaston de Foix, un
» comte de Dunois, un Lahyre, un Poton de Sain-
» trailles, un capitaine Bayard, qui avaient fait rage
» pour ce point d'honneur : j'en suis fort aise ; et quant
» à moi j'ai bon fusil, bon pistolet, bonne épée, et il
» n'y a ni sergent, ni prévôt des maréchaux, qui m'ose
» ajourner. La justice n'a pas de droit sur les gentils-
» hommes comme moi. Je prendrai la vache et les pou-
» les de mon voisin, quand il me plaira ; je dépouillerai
» ses terres, sans qu'il ose en grommeler. Je ne souf-
» frirai point que mes sujets paient taille sinon à moi :
» qu'avons-nous besoin que ces financiers s'engraissent
» de la substance du peuple ? par la morbleu, si je
» trouve sergent, receveur, homme de justice, faisant
» exploit sur mes terres, je lui ferai manger son par-
» chemin.

» Sommes-nous pas libres ? M. le lieutenant et M. le
» légat ne nous ont-ils pas permis de tout faire, de
» prendre tout le bien des politiques, de tuer et assas-
» siner parents, amis, voisins, père, mère, frère,
» sœur, pourvu que nous y faisions nos affaires, sans
» jamais parler de paix ni de trêve...

» S'il faut élire un roi, je vous prie, Messieurs, de
» ne pas oublier mes mérites : il s'en est fait de pis que
» moi. Les Lydiens, dit-on, en firent un qui menait la
» charrue ; les Flamands firent un duc qui était bras-
» seur de bière ; les Normands, un cuisinier ; les Pa-
» risiens, un écorcheur ; je suis plus que tous ces gens ;

» mon père était maréchal en France.... Si jamais vous
» me choisissez, je vous laisserai faire tout ce que vous
» voudrez. Je supprimerai tous sergents, procureurs,
» conseillers, commissaires ; on ne parlera plus d'a-
» journements, saisies, exploits, criées, exécutoires,
» ni même de payer ses dettes : vous serez tous comme
» rats en paille, et il suffira que vous m'appeliez *Sire*. »

Le duc d'Epernon avait poussé les préparatifs du siége avec une grande activité. Il n'avait rien négligé pour le succès de son entreprise : son armée était nombreuse et bien disciplinée, et son courage égalait ses talents militaires. Pourtant, ce fut en vain qu'il fit tonner d'abord sa plus grosse artillerie ; son trop grand éloignement l'empêchait d'atteindre les remparts, et Rieux, ironique témoin de ses efforts, ne répondait même pas à son feu.

Le duc d'Epernon se rapprocha. Déjà son artillerie avait joué avec quelque succès, et avait endommagé plusieurs tours, quand Rieux, semblable à un tigre blessé, se redressa de toute sa force et de toute sa colère ; il démonta les unes après les autres les batteries du noble assiégeant et l'obligea à regagner la plaine.

Mais ce premier échec ne pouvait décourager le duc d'Epernon ; il revint à diverses reprises attaquer l'aventurier qu'il avait mission de combattre et de vaincre ; il enflammait ses soldats par son exemple, et fut pourtant forcé d'abandonner la place, après avoir reçu une blessure au menton.

Alors l'audace de Rieux devint extrême. Toujours en campagne à la tête de ses bandits, il rançonnait nobles et vilains, ne se faisait aucun scrupule d'arrêter les convois, les voitures publiques, et se portait partout où la Ligue réclamait ses services. C'est ainsi qu'il entra dans Noyon, avec mille des siens, pendant que Henri IV investissait la ville, et qu'il parvint à prolonger le siége de vingt-et-un jours.

Le roi refusa de comprendre Rieux dans la capitulation, ce qui importait peu au hardi partisan ; il se sauva la nuit par-dessus les murailles, se glissa comme un serpent dans les fossés, et regagna son château de Pierrefonds.

Cependant, Henri IV voulait en finir avec ce sacripant. Persuadé que le duc d'Epernon n'avait dû son échec qu'à sa blessure, il détacha de son armée le maréchal de Biron, avec un train de grosse artillerie, et lui enjoignit d'aller mettre aussi le siége devant Pierrefonds. Le maréchal fit placer ses batteries le plus avantageusement possible, et commença l'attaque par un feu des plus terribles. Mais Rieux répondit avec vigueur, et sur huit cents coups de canons tirés par les assiégeants, cinq boulets seulement atteignirent les tours : les autres, suivant l'expression d'un auteur contemporain, ne firent que *blanchir les murailles*. Voyant qu'il perdait beaucoup de monde, et que ses batteries étaient démontées après leur premier feu, le maréchal jugea prudent de lever le siége.

Ce second avantage de Rieux ne fit que grandir son crédit auprès des partisans de la Ligue. Il ne sut plus garder aucune mesure, et donna plus que jamais carrière à sa vie d'aventures et de rapines. Pendant quinze mois, il fut maître de tout le pays. Malheur à qui passait sur ses terres ; il ne connaissait pas d'autre justice que la sienne, pas de puissance qui lui fut supérieure. Un jour du mois de janvier 1593, ayant appris que Henri IV devait traverser la forêt pour se rendre chez Gabrielle d'Estrées, Rieux se posta en embuscade avec bon nombre de ses gens dans l'intention de s'emparer du monarque. Heureusement, Henri IV fut informé par un paysan du projet conçu contre lui, et put échapper à un grand danger.

Un mois plus tard, les chefs de la Ligue convoquèrent à Paris, sous le prétexte d'États-Généraux, leurs partisans les plus distingués. Rieux fut reçu avec honneur dans cette assemblée. C'est à cette occasion que les auteurs de la satyre Ménippée lui ont fait tenir le singulier discours que nous avons rapporté, et qui convenait si bien à son caractère et à ses habitudes.

Mais, Rieux devait avoir une fin digne de sa vie. Ses succès accumulés l'avaient rendu peu circonspect ; il courait au-devant de tous les dangers. Comme il se disposait, par une belle nuit, à arrêter deux diligences, un détachement de la garnison de Compiègne, qui le surveillait, s'empara de sa personne ; on lui fit promptement son procès, et il fut pendu haut et court sur la place de l'Hôtel-de-Ville, aux applaudissements d'une foule enthousiaste.

Quand Saint-Chamant apprit l'arrestation de Rieux, il courut en toute hâte à Pierrefonds et en prit lui-même le commandement. Il eut bientôt à soutenir plusieurs attaques très-vives de la part de François des Ursins, que Henri IV avait envoyé contre lui avec une partie de l'armée chargée du siége de Laon. Après avoir épuisé toutes ses ressources militaires, après avoir perdu l'espoir de vaincre, des Ursins tenta la voie des négociations. Saint-Chamant s'y prêta d'autant plus volontiers qu'il craignait qu'en son absence on ne lui enlevât le château de La Ferté-Milon. Il demanda donc, pour livrer la forteresse, qu'une indemnité en argent lui fût accordée, qu'il pût retourner à La Ferté-Milon avec sa troupe, ses équipages, et sortir avec tous les honneurs de la guerre. Ces conditions ayant été acceptées, un traité intervint, et ce traité fut signé par le roi le 15 août 1594, et enregistré au parlement le 7 janvier suivant.

En considération des services rendus par le brave des Ursins, Henri IV n'avait pas cru devoir faire détruire le château de Pierrefonds ; on le regretta bientôt. Des Ursins eut pour successeur dans son commandement le marquis de Cœuvres, vicomte titulaire de Pierrefonds, qui peu scrupuleux, à ce qu'il paraît, embrassa le parti des mécontents. Après avoir renforcé la garnison, il confia la défense du château au capitaine Villeneuve, homme entreprenant et hardi. Les munitions de guerre étaient assez abondantes, mais il n'en était pas de même des approvisionnements de bouche. Aussi, pour nourrir ses soldats, Villeneuve se vit-il obligé d'explorer les environs et de s'emparer de tout ce qui se trouvait à sa convenance. Ce qu'il lui fallut faire d'abord par nécessité, il le fit bientôt par habitude et avec passion. Digne imitateur de Rieux, il exerçait le vol à main armée, s'en prenait aussi aux voitures publiques, arrêtait les convois de vivres, de vin et de fourrages qu'il pouvait découvrir, rançonnait tout autour de lui, et n'inspirait que terreur et dégoût. L'Ile-de-France et la Picardie étaient infestées de ses brigandages. Jamais les sombres cachots de Pierrefonds ne furent plus remplis que de son temps, car après avoir dépouillé les gens, il aimait encore à les retenir prisonniers, dans l'espérance d'une rançon.

Un tel état de choses devait avoir un terme. Des plaintes nombreuses s'élevaient de toutes parts, et comme Villeneuve avait tenté de surprendre Crépy, le roi tint un conseil spécial dans lequel il fut décidé que le corps d'armée commandé par Charles de Valois, comte d'Auvergne, irait assiéger Pierrefonds. Ce corps comprenait quatorze mille fantassins et trois mille chevaux; on y joignit dix compagnies de gardes-françaises avec trente pièces d'artillerie.

A la fin de l'année, le comte d'Auvergne « ayant
» rassemblé tous les secours qu'il espérait, marcha sur
» Pierrefonds. Il reconnut que le château était impre-
» nable vers les remparts, et résolut de l'attaquer du
» côté le plus fort, par la langue de terre qui confinait à
» la plaine du Chêne-Herbelot.

» Il dirigea ses premières attaques sur les ouvrages
» avancés. Villeneuve répondit par un feu terrible de
» toute son artillerie; il fit jouer beaucoup de pièces qui
» ne devaient avoir d'autre effet que celui d'intimider le
» comte par le fracas. Charles de Valois ne prit pas le
» change. Considérant qu'il avait affaire à un ennemi
» dissipateur qui ne savait pas ménager son feu et ses

» munitions, il excita pendant quelques jours sa bra-
» voure indiscrète, et dès qu'il s'aperçut que le feu
» des assiégés tombait et que leur première ardeur était
» ralentie, il redoubla son activité ; il emporta l'épée à
» la main quelques ouvrages garnis de palissades et ruina
» avec son artillerie, deux petits forts qui défendaient
» un emplacement commode pour placer son canon et
» battre en brèche le grand donjon.

» Le comte usa de ses avantages, sans donner à son
» ennemi le temps de se reconnaître. Il fit avancer sa
» grosse artillerie, et dressa une batterie de ses plus
» fortes pièces dans une espèce d'angle formé par le che-
» min qui conduit à l'entrée du château, et par l'extré-
» mité d'une chaîne de montagnes qui aboutit au côté
» droit de ce chemin.

» Charles de Valois foudroyait ce poste important de-
» puis six jours lorsqu'il l'enleva. Profitant de cet avan-
» tage, il pointa de nouveau son canon contre une ma-
» gnifique terrasse qui soutenait les fondements du grand
» donjon. Il vint aussi à bout de placer une seconde bat-
» terie qui devait agir contre une des grosses tours laté-
» rales qui défendaient la porte d'entrée du château.

» Ces deux batteries jouèrent en même temps avec
» tout le succès possible. La première composée des
» plus grosses pièces, sapa la terrasse dans ses fonde-
» ments et fit une brèche par laquelle on connut que ces
» fondements avaient peu d'épaisseur. La seconde bat-
» terie, moins éloignée de la tour d'entrée que la pre-
» mière ne l'était du grand donjon, agissait sans relâche,
» de manière que tous les coups portaient sur le milieu

» de cette tour. Villeneuve comptant sur la force des
» murs qui avaient quinze et dix-huit pieds d'épaisseur,
» occupé d'ailleurs à répondre au feu des ennemis, fut
» frappé de frayeur, lorsque la moitié de cette tour tomba
» avec un bruit effroyable. Comme le grand donjon cou-
» rait risque de manquer par les fondements, dès que
» les assiégeants auraient ruiné la terrasse qui leur ser-
» vait d'appui, il demanda à capituler le sixième
» jour (1). »

Charles de Valois aurait contraint Villeneuve à se rendre à discrétion, sans la crainte qu'il avait de le voir secouru d'un instant à l'autre par le marquis de Cœuvres et le duc de Mayenne. D'ailleurs, 'il entrait en possession de la forteresse, l'unique but de son entreprise était atteint, et il lui paraissait inutile de prolonger une lutte où le sang de ses soldats n'était pas épargné.

Ce siége fit honneur aux deux partis. On loua beaucoup la prudence, l'adresse, la sage conception des plans du comte de Valois; quant à Villeneuve, qui n'avait eu à opposer à une armée de dix-sept mille hommes, qu'une faible garnison composée de bandits et de troupes légères, on dut reconnaître le courage et l'habileté qu'il avait déployés. Avec des pièces d'un plus fort calibre et des munitions suffisantes, il eût pu triompher de son terrible adversaire aussi facilement que Rieux et Saint-Chamant avaient triomphé des leurs.

Ce siége mémorable devait être le dernier pour le

(1) Hist. Valois, tome 3, page 30.

château de Pierrefonds. La féodalité touchait à son déclin, et quelques années plus tard, Richelieu qui avait juré d'affermir le trône royal aux dépens de la noblesse, ordonnait la destruction de l'orgueilleuse forteresse. La démolition présenta de telles difficultés qu'on ne put la mener à fin. On fut obligé de se borner à raser les ouvrages extérieurs, à enlever les toits, et à pratiquer dans les murs les entailles profondes qu'on voit encore aujourd'hui.

On a beaucoup écrit sur Pierrefonds. Tous les auteurs, sans exception, ont dû, à défaut d'autres documents, se servir plus ou moins de Dom Carlier, l'historien du Valois. Les uns l'ont audacieusement pillé et dénaturé; d'autres, ne lui empruntant que le fond de ses récits, ont su donner à l'histoire, par leur verve, leur esprit, un style brillant et coloré, l'intérêt du roman. Je citerai parmi ces derniers M. Léon Ewig, auteur d'une histoire de Compiègne très-estimée. Qu'il me soit permis de citer ici la partie la plus heureuse de son travail sur Pierrefonds :

« Reportons-nous un instant par la pensée au commen-
» cement du quinzième siècle, exhumons les débris de
» ce château, et figurons-nous-le au soleil levant, lors-
» que ses galeries extérieures reluisaient des armures
» de ceux qui faisaient le guet, et que ses tours se mon-
» traient toutes brillantes de leurs grandes grilles
» neuves; figurons-nous tous ces hauts bâtiments qui
» remplissaient de courage ceux qui les défendaient, et
» de frayeur ceux qui étaient tentés de les attaquer.

» La porte se présentait toute couverte de têtes de

» sangliers et de loups; flanquée de deux tourelles, et
» couronnée d'un haut corps-de-garde. On avait à fran-
» chir plusieurs fossés, plusieurs ponts-levis pour entrer
» dans la grande cour carrée où se trouvaient les ci-
» ternes, les écuries, les poulaillers, les colombiers,
» les remises. Les caves, les souterrains, les prisons
» étaient par-dessous, et ces prisons étaient creusées
» comme des puits au-dessous de la région de l'air et
» du jour; par-dessus se trouvaient les logements, et
» par-dessus les logements les magasins, les lardoirs ou
» saloirs et les arsenaux. Tous les combles étaient bor-
» dés de mâchecoulis, de parapets, de chemins de ronde,
» de guérites. Au milieu de cette cour s'élevait majes-
» tueusement le donjon, qui renfermait les logements
» du duc et de son châtelain, les archives et le trésor.
» Il était profondément fossoyé dans tout son pourtour,
» et l'on n'y pouvait entrer que par un pont presque
» toujours levé. Bien que les murailles eussent, comme
» celles des tours, une très-grande épaisseur, il était
» revêtu, jusqu'à la moitié de sa hauteur, d'une che-
» mise ou second mur en pierre de taille. Rien de plus
» somptueux que les appartements, que les salles de
» parade, que les chambres de parement, qui prenaient
» le nom particulier des couleurs ou des représentations
» des précieuses tapisseries dont elles étaient tendues.
» Dans quelques-unes, les piliers et les poutres qu'ils
» soutenaient étaient incrustés de filets et de fleurs d'é-
» tain; dans d'autres, des personnages de grandeur na-
» turelle peints sur les murs portaient dans leurs mains,
» ou tenaient à leur bouche des rouleaux sur lesquels

» de belles sentences se lisaient au grand profit de la
» morale.

» Des lits de dix pieds, des cheminées de douze pieds
» de large, proportionnés à l'état des maîtres, de
» grands guéridons à bas-reliefs représentant l'enfer et
» le purgatoire ; de grandes armoires en fenêtres d'é-
» glises, de grands bancs à dossiers grillés, de vingt
» pieds de long, avec housses traînantes de draps bro-
» dés et armoriés, décoraient ces grandes chambres
» voûtées à croisées ogives, à vitres de verre peint, et
» ces salles pavées en carreaux de diverses couleurs.

» Tout dans ce château était en harmonie avec la
» grandeur de ses tours, de ses murailles ; dans les cui-
» sines, les pincettes ou tenailles, les pelles ou traye-
» feu n'étaient maniés que par deux hommes ; les che-
» nets ou contre-hâtiers ne pesaient pas moins de cent
» livres, les trépieds moins de quarante livres. Des bro-
» ches de onze ou de douze livres se garnissaient de
» deux ou trois veaux, de deux, trois, quatre moutons ;
» le gibier, la volaille, la venaison y rôtissaient à-la-fois
» devant des âtres de quinze pieds de largeur. Sans dis-
» continuer, les caves, les celliers, les huches, les lai-
» teries, les fruiteries s'emplissaient et se désemplis-
» saient avec une profusion qui annonçait la magnificence
» en même temps que la richesse ; y prenait qui voulait,
» quand il voulait, et tant qu'il voulait, et à peine
» toutes ces provisions trouvaient-elles leur écoulement,
» malgré le grand nombre de chevaliers, d'écuyers, de
» fauconniers, de veneurs, de pages, de gens de l'of-
» fice, de la sommellerie, de la boulangerie, le grand

» nombre de serviteurs, d'ouvriers, de fourriers, de
» concierges, de portiers, de soldoyers, de gardes. De
» toutes parts venaient encore des parents, des alliés,
» des voisins, des amis, des pélerins, des voyageurs,
» qui tous séjournaient plus ou moins, qui tous s'en
» retournaient rassasiés comme au lendemain d'une noce
» ou d'une fête patronale.

» L'emploi de chaque jour était très-varié. Le matin,
» la cour se remplissait d'écuyers, de piqueurs, de pages,
» qui faisaient faire à leurs chevaux milles différentes
» voltes. Quelquefois les damoiseaux, dont plusieurs
» étaient de vrais prodiges de force, de jeunes Sam-
» sons, assaillaient ou défendaient pendant plusieurs
» heures, avec leurs longues piques ferrées, un petit
» carré de fumier, une petite butte de terre, aux ap-
» plaudissements de tous les spectateurs. Après le dî-
» ner, qui ne se faisait guère que vers le milieu du jour,
» les barres, les quilles, le palet et plusieurs autres
» divertissements tels que les papegais, les singes, le
» fou du seigneur, les jongleurs, les sauteurs, les con-
» certs de flûtes, de chalumels, de tambours, de
» trompes, de sonnettes, de rebecs, occupaient agréa-
» blement les nombreux hôtes, qui le soir à la veillée
» écoutaient attentivement les histoires de l'aumônier
» ou du pélerin nouvellement arrivé de la Terre-Sainte.

» La vie de ce château aurait été trop heureuse si,
» comme toute autre, elle n'avait été mêlée d'anxiétés
» et d'alarmes; mais quelquefois, au moment où l'on
» s'y attendait le moins, pendant le repas, au milieu du
» sommeil, le guet sonnait la cloche, on entendait un

» cri ; à cette alerte tout s'animait : les ponts étaient
» levés, les herses tombaient, les portes se fermaient ;
» tout le monde quittait précipitamment la table, le lit,
» on courait aux créneaux, aux mâchecoulis, aux meur-
» trières, aux barbacanes... Et malheur aux vaincus ! »

Mais, que ces ruines sont donc pleines de majesté, qu'elles témoignent bien d'une grande force et d'un grand génie ! A l'aspect de ces hautes tours, de ces épaisses murailles, de ces machicoulis, de ces restes de parapets, de chemins de ronde que la mine et le temps n'ont pu faire disparaître, ne se sent-on pas pénétré d'admiration pour le passé ? Partout, que de chefs-d'œuvre d'architecture !

Ces souterrains, ces caves, ces prisons où l'on est conduit la lampe à la main, ne vous glacent-ils pas d'effroi ? ne craint-on pas d'y rencontrer à chaque pas des ombres menaçantes ? On veut sortir en toute hâte de ce vaste tombeau, on veut échapper à la mort, et quand on a quitté cette atmosphère humide et pénétrante, quand on revoit la verdure et le soleil, c'est comme un beau réveil après une nuit de mauvais rêves !

Si nous aimons les panoramas enchanteurs, gravissons les 160 marches de ce petit escalier qu'on a établi dans la tour la mieux conservée, et arrivons sur la plateforme plombée, d'où la vue se perd bien loin à l'horizon. Regardez !... c'est l'église de Pierrefonds, avec son clocher italien (1); l'Hôtel des Bains, au milieu de ses riants

(1) L'église, qui est placée entre la colline du Rocher et l'étang de la ville, est celle de l'ancienne collégiale de Saint-Sulpice. C'est un vaste édifice composé de deux nefs, d'un chœur et de deux chapelles latérales, formant trois absides polygones, dont l'intermédiaire est de beaucoup plus longue.

jardins baignés par le lac; tout le village avec ses maisons saines et coquettes, et plus loin, le vallon de

Cette partie de l'église recouvre une crypte cruciforme à voûtes méplates sans moulures, terminées en cul-de-four vers l'abside ; les angles saillants des murs vers le centre sont rachetés par des colonnes dont les fûts ont disparu, mais dont les chapiteaux courts, carrés, chargés de feuillages variés, assignent incontestablement à la construction une date romane; les transepts de cette crypte ont des voûtes et des chapiteaux pareils à ceux du chœur, et dessinent avec lui trois arcs semi-circulaires qui soutiennent les absides polygones de l'édifice supérieur. Des escaliers, aujourd'hui comblés, débouchant dans les latéraux, faisaient communiquer les deux étages.

On voit au milieu de cette église souterraine une fontaine, dite de Saint-Sulpice, dont l'eau est réputée pour la guérison des fièvres.

La crypte a des portes à plein-cintre, paraissant modernes, qui ouvrent sur le jardin de l'ancien prieuré.

Les fenêtres du chœur supérieur sont des ogives simples, allongées, ainsi que celles des chapelles. Les grandes arcades sont franchement romanes avec des colonnes massives et de gros chapiteaux.

On descend cinq marches du chœur à la nef qui est divisée en deux par cinq piliers cylindriques soutenant de larges arcades ogives. Elle a sur le côté nord deux hautes fenêtres tripartites, à ogivettes tréflées, puis une porte surbaissée, ornée de canelures, de niches à dais pyramidaux, de panneaux et d'un fronton chargé de griffons ; une rose à huit rayons est pratiquée au-dessus ; à côté est une autre fenêtre à double ogive.

La façade présente deux parties couronnées chacune d'un pignon, ayant une balustrade commune à jour, trois contreforts, trois gargouilles, une tourelle à l'angle nord. La section du même côté est percée d'une grande ogive et d'une petite porte en arc surbaissé. L'autre montre un portail richement orné, à large ogive, encadrant une porte carrée à moulures, quatre ogivettes tréflées, une rose à huit feuilles ; les arcs extérieurs de cette ogive sont l'un à feuillages, l'autre à festons; les contreforts ont des niches à dentelles.

Le clocher, placé au côté nord de la nef près du chœur, est carré, à deux étages d'ogives géminées bouchées. La partie supérieure, bâtie en 1552, est couronnée par un élégant belvédère à toit en calotte.

Palesne et les hautes futaies de la forêt. Est-il un plus riche spectacle? l'âme la moins poétique, en le contemplant, ne se sent-elle pas remplie d'une douce extase?

Dans cette même tour qu'il nous faut à présent descendre, que d'empreintes ne voyons-nous pas sur la pierre? Au milieu de tant de noms obscurs, n'est-on pas heureux de rencontrer çà et là quelques noms connus et aimés, qui sont venus, eux aussi, admirer les ruines célèbres (1), et y trouver une source d'inspirations nouvelles.

<small>
Toute l'église est lambrissée ou plafonnée.

La crypte et les parties romanes du chœur datent de 1060, époque de la reconstruction de Saint-Sulpice par Nivelon I ; ce seigneur fut inhumé dans la chapelle droite de la crypte, que Carlier (Hist. Valois, tom. 1, pag. 239), indique à tort comme un caveau extérieur attenant le collatéral. La base du clocher, ainsi que les fenêtres du chœur et des latéraux, appartiennent à l'époque des ogives primaires, et en effet, Carlier assure que les religieux aggrandirent leur église et renouvelèrent presque tous leurs bâtiments pendant les premières années du treizième siècle. La nef et la façade sont au contraire de la fin du style ogival; elles ont dû précéder de peu le couronnement du clocher, qui est dans le goût de la renaissance.

Il y a plusieurs pierres tombales du quatorzième siècle, et des vitraux en grisailles qui paraissent du même temps.

Les bâtiments du prieuré ont été convertis en une ferme moderne tenant au côté sud de l'église. Il reste quelques portions d'arcades ogives étroites ornées de tores, et des parties du cloître avec des chapiteaux romans. Des caves très-belles sont voûtées à plein-cintre; on communiquait de là au premier château situé sur la montagne par un boyau dont on a rencontré dernièrement les traces.

En défonçant près de là en 1820, on a découvert trente à quarante sarcophages. (M. Graves. *Précis statistique sur le canton d'Attichy*, p. 96.)

(1) Les ruines de *Pierrefonds* furent comprises jusqu'à la révolution de 1789 dans l'apanage de la maison d'Orléans, comme dépendances du duché de Valois.
</small>

C'est au pied de ces ruines, que s'étend le gracieux établissement des Eaux minérales, dont nous allons nous occuper.

Elles furent adjugées au sieur Longuet le vingt-huit vendémiaire an sept par l'administration centrale du département, pour la somme de huit mille cent francs.

Longuet ayant essayé en vain d'en tirer des matériaux, les échangea le quatre prairial an neuf avec M. Canis, propriétaire à Compiègne, qui les vendit le seize floréal an dix, moyennant quinze cents francs, à M. Radix de Sainte-Foix.

M. Arnoult, gendre et héritier de Sainte-Foix, les revendit à M. Heu, des mains duquel l'Empereur les retira le quinze février 1813, pour la somme de deux mille sept cent cinquante francs.

PIERREFONDS-LES-BAINS.

Pierrefonds fait partie de l'arrondissement de Compiègne et du canton d'Attichy. Sa population est de 1,500 habitants environ. Il y a trente ans, il n'était connu que par son ancienne forteresse et par ses ruines grandioses : c'était un pays presque perdu au milieu des bois. On n'y arrivait que par des chemins tortueux et raboteux, dans lesquels nos brillants et légers équipages n'auraient pu se risquer sans danger. Il fallait y aller en patache, à cheval, ou à pied, et à cause de la difficulté du transport, beaucoup se privaient souvent d'une excursion qui déjà cependant ne manquait pas de charmes pour le poëte et pour l'artiste.

Le bourg se ressentait naturellement du peu de moyens de communications; il était pauvre, triste, presque abandonné, rempli de masures en chaume. Les ruines elles-mêmes n'étaient pas d'un accès facile comme elles le sont aujourd'hui. On n'y pouvait pénétrer que par des sentiers escarpés et rapides, où la pierre se mêlait aux épines et aux ronces : c'était d'une extrême sauvagerie, d'un pittoresque indescriptible et merveilleux.

Il n'y avait alors à Pierrefonds qu'une seule auberge — et quelle auberge ! — elle portait pour enseigne, je crois, *à Saint-Laurent !* Ce brave saint était, bien entendu, sur le gril — comme tous ceux que la nécessité condamnait à s'arrêter chez l'aubergiste.

Il fallait donc être un amant bien passionné de la nature et des arts pour courir après ces hautes tours, ces épaisses murailles, qu'on ne peut voir sans une sorte de respect et d'admiration pour le passé.

Mais, il était réservé à un noble artiste — à un jeune talent qui recherchait pour exercer ses pinceaux, des lieux agrestes et excentriques — d'être le bon génie du pays perdu, d'y découvrir tout ce qu'il pouvait renfermer d'éléments prospères, et de consacrer une partie de sa fortune et de sa vie à son bien-être, à sa transformation, à son avenir.

Le jeune artiste s'était d'abord rendu à Pierrefonds une première fois ; il y était retourné une seconde, puis une troisième, ne pouvant se lasser d'admirer la richesse et la variété des sites. Et, plein d'imagination et d'enthousiasme, il s'était dit : Il y a là quelque chose à faire !

Cet artiste, ce poète, attiré sans cesse vers Pierrefonds comme un amant vers une maîtresse adorée, se décida à y fixer sa tente. Dès-lors, l'art devait embellir la nature, une ère nouvelle allait s'ouvrir pour le modeste et souffreteux pays !

Peu-à-peu l'aspect de Pierrefonds changea de physionomie ; de nouvelles constructions s'élevèrent ; de meilleurs chemins furent ouverts en même temps dans la forêt ; les visiteurs des ruines se montrèrent plus nombreux ; enfin, on en parla davantage.

A l'auberge de Saint-Laurent avait succédé une autre auberge moins grossière, devenue depuis l'*Hôtel des Ruines*. On y pouvait lire cette inscription surmontée d'un drapeau tricolore :

CONNÉTABLE-TERJUS
MONTRE LES RUINES
AUX AMATEURS.

Sur les bords du vaste étang, à la place d'ajoncs et de roseaux, s'éleva bientôt une charmante villa ; un parc bien planté parut comme par enchantement ; c'en était fait, l'impulsion était donnée, Pierrefonds se dépouillait de son vieux manteau délabré ; il devenait plus salubre de jour en jour, les malheureux y étaient secourus et consolés.

La charmante villa était la demeure de l'artiste ; il en avait fait — ce qu'on ne fait pas souvent même avec de l'argent — un type d'élégance, de grâce et de bon goût. Il s'était créé pour lui-même cette belle habitation ; il l'avait remplie de toiles précieuses et d'objets d'art. Un jour, cependant, il dut l'abandonner et en ouvrir les portes à tous, car il venait de découvrir au fond de son parc une source abondante d'eau sulfureuse. Pierrefonds n'était plus seulement dès-lors Pierrefonds-

4.

les-Ruines, c'était aussi Pierrefonds-les-Bains, et un avenir brillant s'ouvrait devant lui !

Ce qu'il fallut entreprendre pour organiser un établissement complet d'eaux minérales, le digne artiste l'exécuta avec courage et dévouement. Il dirigea sans relâche tous les travaux, se mit lui-même à l'œuvre, se fit architecte, mécanicien, chimiste et hydrologue, ne recula devant aucun sacrifice. On eût dit qu'une bonne fée était venue soudainement opérer des prodiges, d'un coup de sa baguette !

Cet artiste, cet homme de cœur, c'est M. de Flubé. Que de louanges lui sont dues !

Le docteur Sales-Girons a bien voulu me fournir une étude médicale sur les eaux de Pierrefonds, dont il est inspecteur ; on lira plus loin cette étude avec tout l'intérêt qu'elle mérite : il ne m'appartient pas de causer médecine.

La gravure placée en tête de l'opuscule peut donner une idée de l'établissement et de l'Hôtel des Bains. De nombreuses baignoires sont installées dans le gracieux châlet que l'on voit figurer à droite de la gravure. Le service des bains est fait de la manière la plus convenable : les malades y sont l'objet de l'attention et des soins les plus délicats ; le médecin lui-même est là qui veille auprès d'eux avec sollicitude. Il y a aussi des cabinets pour les douches, et une *salle de respiration*, fondée sur les découvertes de la science.

La source pour les buveurs est au fond du parc. Il s'y trouve constamment une Hébé qui, moyennant dix centimes, vous verse à longs traits dans un grand verre de cristal une eau blanche et opaline. Cette eau n'est pas des plus agréables au goût, mais qu'importe, puisque ses vertus sont certaines !

A l'Hôtel des Bains, que notre gravure représente si exactement, sont annexés les salons de jeux, de lecture et de conversation : on y trouve une bibliothèque, plusieurs journaux, des instruments de musique, un beau billard, etc., etc. Ces salons sont d'une grande élégance. Quand la nuit arrive, on y fait le whist avec une rare intrépidité ; les dames qui ne jouent pas, y exercent en travaillant, leurs doigts et leur satire : c'est l'officine aux nouvelles, c'est le centre où viennent converger tous les baigneurs.

L'établissement des bains a encore sa salle de spectacle — une vraie salle de spectacle, ma foi, — avec des loges, un parterre et un théâtre machiné !... Les artistes ordinaires — par fois trop ordinaires, hélas ! — de la bonne ville de Compiègne, y donnent une représentation chaque semaine.

Il y a dans le parc des jeux de toute espèce pour les enfants : mais les grands divertissements, les divertissements les plus recherchés des petits et des grands, sont la pêche et le canotage. L'étang a mille mètres de circuit, et il est couvert de toute une flottille, au milieu de laquelle apparaît majestueusement un beau yacht à deux mâts.

A quelques minutes de Pierrefonds, au hameau de Fontenoy, une Cascade, formée par les eaux de la montagne, attire encore l'attention des étrangers.

Le coup-d'œil que présente Pierrefonds-les-Bains par

un beau soleil d'été, est des plus gais et des plus charmants. Dès midi, vous voyez arriver un nombre considérable de voitures de toutes espèces, d'omnibus et de tapissières surtout, qui amènent les parisiens, les amateurs forcenés de villégiature par trains de plaisir. Les entendez-vous ces braves enfants de la grande ville? n'ont-ils pas l'air de collégiens auxquels on a donné la clef des champs! comme ils braillent! — comme ils se débraillent!...

Si vous montez avec eux aux Ruines, écoutez leurs discussions de stratéges et d'architectes militaires! Si vous les suivez dans le parc, voyez-les courant partout et après tout! Ils veulent boire un verre d'eau sulfureuse, non pas qu'ils soient malades, au moins, mais pour savoir par eux-mêmes si cette eau a bien, comme on le prétend, un petit goût d'œuf pourri. Ils veulent se jeter dans une barque; il leur faut des voiles et non des rames, afin de prouver qu'ils ont déjà canoté à Asnières ou à Saint-Cloud, à moins que leur existence folle et aventureuse ne les ait poussés jusqu'à Trouville ou jusqu'au Tréport! Oh! les parisiens! qu'ils sont bien tous les mêmes! on peut dire, en les voyant, que les Gascons ne se trouvent pas seulement sur les bords de la Garonne!

Mais l'heure du départ a sonné pour eux. Ils partent comme ils sont arrivés, en chantant. Après une journée de poussière, de soleil et de marche, après avoir été empilés les uns sur les autres en chemin de fer et en omnibus, ces excellents Parisiens rentrent chez eux pleins d'orgueil et de satisfaction. Ils ont goûté, disent-ils, un peu de bonheur et de repos, et ils dorment par là-dessus du sommeil du juste.

Le lendemain, le rapin répète à son atelier que la forêt de Compiègne enfonce toutes les forêts du monde ; que ses arbres n'y sont pas usés comme ceux de Fontainebleau ; qu'ils n'ont pas figuré à toutes les expositions, et que c'est là seulement qu'on peut trouver le sublime et le pittoresque !

Pierrefonds est donc curieux à voir surtout le dimanche. Les trains de plaisir y versent des flots de visiteurs, des gens de toute condition. Ces oiseaux de passage ne sont guère, il est vrai, profitables au pays, mais, enfin, ils viennent animer le tableau et donner quelques distractions aux baigneurs.

Pierrefonds n'a pas seulement ses ruines antiques et ses sources nouvelles, il a encore sa magnifique forêt, ses environs riants et fortunés. Cambry (1) a décrit avec vérité les vues intérieures de la forêt de Compiègne qui ressemble sans doute à beaucoup d'autres, mais qui est mieux percée, sans que la multiplicité des routes ait rien ôté du caractère imposant de ses futaies éternelles. « Par un assez beau jour, dit-il, je fis un premier
» voyage dans la forêt de Compiègne. Il est impossible
» de peindre la variété des sensations que j'éprouvai
» dans cette route ; on voyage tantôt sur un gazon humide ; sur des mousses de toutes couleurs, tantôt sur
» des sables arides, tantôt sur des montagnes de camé-
» rines : une obscurité religieuse environne le voyageur ;

---

(1) Description du département de l'Oise, tom. 1, pag. 340.

» le ciel entier se couvre ; on ne l'aperçoit souvent que
» comme un point blanchâtre à l'extrémité d'une allée
» sombre. A des arbres énormes, vieux comme le
» temps, couverts jusqu'au sommet d'une mousse lui-
» sante comme le velours, verte comme l'émeraude,
» dont les masses espacées laissent pénétrer l'œil dans
» une vaste profondeur, succèdent des plants vigoureux
» qui semblent atteindre le ciel ; plus loin ces aspects
» mâles et sublimes sont remplacés par le hideux coup-
» d'œil d'arbres sortant à peine de terre, rongés de
» mousses, et présentant une vieillesse précoce et dé-
» crépite, à côté des beaux plants qu'on vient d'aban-
» donner. On se hâte de quitter ces lieux inféconds pour
» s'enfoncer dans des allées de chêne, dont les dômes
» majestueux voilent l'éclat des plus beaux jours : quelle
» variété dans les masses, dans les formes et dans les
» teintes de ces colosses monstrueux ! quelles douces
» espérances on conçoit en passant à côté de ces jeunes
» plants de frênes et de bouleaux destinés à nos descen-
» dants ! Aux jouissances que ces voûtes, que ces allées
» prodigieuses, que ces antres profonds richement cou-
» ronnés, que ces colonnades impénétrables à l'œil, que
» ces vastes amphithéâtres procurent, ajoutez ces masses
» de couleurs que l'automne répand sur des tapis verts,
» d'un jaune d'or, rembrunis ou pourprés ; ces lieux
» qui sembleraient l'asile du désespoir ; ceux qui pour-
» raient donner quelques soulagements à la noire mé-
» lancolie. Là des vallons délicieux ne rappellent que
» des scènes d'amour ; ici l'on croit entendre le bruit
» des cors, le hurlement des chiens, et voir passer sous

» différents costumes le brillant cortége de nos rois ;
» plus loin, ce tertre couvert de fleurettes champêtres
» est un site de bergerie : l'imagination et la mémoire
» transportent dans les siècles reculés, où, près des
» antres sombres et des chênes majestueux, nos véné-
» rables druides instruisaient les enfants des Gaules, et
» répandaient au clair de lune cette sainte terreur qui
» retenait les hommes dans le sentier de la vertu.... Si
» la forêt de Compiègne présente dans les beaux jours
» tant de tableaux et tant de jouissance, elle offre dans
» les grands hivers un spectacle plus étonnant, plus
» majestueux encore : voyez ces troncs prodigieux re-
» vêtus d'une glace épaisse, ces branchages énormes
» cédant au poids des glaçons qui les brisent ; voyez
» briller les rayons du soleil au milieu de ces glaces ré-
» fractaires, qui versent au loin des torrents de lumière
» et de couleurs étincelantes ; quelquefois des vents fu-
» rieux, aussi terribles que les avalanches des Alpes,
» déracinent dans un moment, sur une étendue prodi-
» gieuse, ces géants qui couvraient la terre. Attachez à
» ce grand théâtre tous les phénomènes, tous les mé-
» téores du ciel, de l'air et des saisons, vous aurez une
» idée complète du tableau dont j'ai tenté de vous don-
» ner l'idée. Qu'on ne croie pas qu'on puisse appliquer
» à d'autres lieux ce que j'ai dit de la forêt de Com-
» piègne : j'ai parcouru la forêt Noire et les Ardennes,
» les Alpes, l'Amérique, Valombreuse, les Camaldules,
» et n'ai point éprouvé, dans l'âge de l'imagination et
» de la poésie, les sensations, les souvenirs que je viens
» d'essayer de peindre. »

On trouve en face de l'*Hôtel des Bains*, un loueur de voitures, disposé à conduire les étrangers sur les points les plus curieux des environs. Et puis, quand on a de bonnes jambes, quand on veut prendre de l'exercice, on peut aisément parcourir à pied la forêt ; elle est sillonnée aujourd'hui par de belles et bonnes routes de chasse, et grâce à des poteaux placés à tous les carrefours, il est impossible de s'y égarer.

Je me garderai bien d'essayer la description des lieux remarquables qui sont à la portée des baigneurs. Je me bornerai seulement à les indiquer, car il faut bien ménager quelque surprise. On ne peut pas rester plusieurs jours à Pierrefonds, sans visiter Saint-Nicolas-de-Courson, Saint-Jean-aux-Bois, Saint-Pierre-en-Châtre, les Beaux-Monts, Morienval, Cuise-la-Motte, Vieux-Moulins et le Mont-Saint-Marc. Tout y est contraste dans cette immense forêt des amants et des poètes, des naturalistes et des archéologues. On ne peut se lasser d'en admirer les beaux sites, la végétation puissante, les chênes séculaires et les vieux monuments.

La forêt de Compiègne est pour les baigneurs d'une ressource inimaginable, et elle a beaucoup contribué à la vogue dont jouit déjà Pierrefonds-les-Bains.

Constant MOISAND.

ÉTUDE MÉDICALE

sur les

EAUX MINÉRALES SULFUREUSES DE PIERREFONDS-LES-BAINS,

PAR LE D' SALES-GIRONS,

*Membre de la Société de Médecine de Paris, Rédacteur en chef
de la Revue Médicale, et Médecin-Inspecteur
des eaux de Pierrefonds* (1).

Selon l'étymologie un peu détournée du nom, PIERREFONDS, *Petra-fons*, serait le pays des pierres et des ruisseaux ; il y a ici en effet de l'eau partout : il en suinte,

---

(1) Le lecteur a senti l'obligation dans laquelle nous nous sommes placé de lui faire connaître les eaux minérales de Pierrefonds. Nous pouvions prendre le livre que M. le docteur Sales-Girons a publié sur ces eaux en qualité de médecin-inspecteur, et en reproduire les notions les plus importantes sous le rapport scientifique ou médical ; mais nous avons préféré faire directement appel au savoir pour ainsi dire officiel de M. Sales-Girons, en le priant de nous donner une notice médicale que nous puissions joindre à notre travail pour le compléter.
En nous adressant sa notice, M. Sales-Girons nous disait :
« Si vous faites une préface, veuillez demander grâce au lecteur
» pour les défauts de mon œuvre. Votre livre arrivera bientôt à
» sa deuxième édition ; ma part y sera corrigée et augmentée
» pour être un peu plus digne de la vôtre. »   C M.

sourd et coule de toute part, aboutissant par méandres et par infiltrations à un lac central de mille mètres de circuit, lequel sert de miroir à tout ce que la simplicité et l'industrie peuvent produire pour le plaisir des yeux et l'admiration de l'intelligence.

Le nom de Pierrefonds peut venir au village, selon quelque chronique trop récente, d'une forte source qui jaillit sous un rocher d'un hameau voisin, et qu'on nomme aujourd'hui la *Cascade*. Pour nous qui avons besoin d'une origine grammaticale mieux appropriée à notre objet, qu'il nous soit permis d'exhumer en quelques lignes une légende locale qui expliquerait au moins aussi bien l'appellation de ce village, si elle ne l'explique mieux. La tradition populaire précède partout l'histoire ; il n'est pas rare qu'elle l'éclaire.

Bien avant donc qu'il y eût un château-fort de Pierrefonds dans l'histoire de France, la tradition porte qu'il y avait au pied du roc, dit aujourd'hui de la Ferme, une fontaine courante, où les malades et les infirmes venaient se baigner et boire ; la même tradition témoigne que les malades et les infirmes s'en retournaient guéris ou soulagés. Le renom de la source merveilleuse s'étendait au loin, et le pélerinage était perpétuel. Voilà le fond de la légende ; pour tout le reste les déductions nous sont permises.

Nous n'avons pas le temps de feuilleter les textes, ni de compulser les chartes ; mais d'abord ne sommes-nous pas autorisés à penser que le nom de *Pierrefonds* vient plutôt d'une fontaine bienfaisante qui sort du milieu des pierres que de la source qu'on appelle la Cascade ? N'est-il pas de règle que les mots qui viennent du latin sont antérieurs à ceux qui viennent d'un idiome plus récent, comme celui de *Cascade*, par exemple.

Ensuite, n'est-il pas probable que la religion, qui n'a jamais, et dans ces temps-là surtout, perdu une occasion favorable à son enseignement, mit à profit la confiance pieuse de la population dans l'efficacité de cette source, s'empara de l'eau, établit un tribut sur ses usages, etc.?

Le fait est qu'aujourd'hui une église portant au-dessus de ses fondements les marques architecturales des styles du 12e siècle se trouve élevée sur cette fontaine, non pas au hasard, et comme si la découverte en eût été postérieure. La source coule précisément au-dessous de l'autel et dans une crypte, comme une relique. Il y a là la preuve d'une intention primitive, et l'église n'est peut-être que l'*ex voto* de quelque riche seigneur reconnaissant, ou l'expression réalisée d'un tribut volontaire ou obligé des malades qui venaient y payer la santé chacun selon sa condition.

La source salutaire précède donc l'église, qui n'en est probablement que l'édifice. Il ne faut pas oublier que la plupart des églises du moyen-âge furent élevées sur des lieux ou des objets que la foi recommandait à un titre quelconque. En ce temps-là on bâtissait une chapelle ou une église, partout où de nos jours on fait un établissement scientifique ou industriel.

Outre ces probabilités qui sont à l'adresse de la raison, notre interprétation nous sourit encore, parce qu'avec elle nous voyons les deux extrêmes de la destinée de Pierrefonds se ressembler et se suivre. De sorte qu'aujourd'hui nous allons voir la médecine et la science positive envoyer ses malades à Pierrefonds, comme il y a cinq cents ans la religion avec ses croyances naïves y envoyait les siens dans la même intention.

Je sais bien que spontanément le lecteur le plus indifférent voudrait savoir si les vertus de la source primitive ne se réduiraient pas de nos jours aux propriétés d'une eau minérale ? Nous ne sommes pas en mesure de satisfaire à cette curiosité. Au fait, l'important pour nous, c'est qu'au moyen des sources minérales de notre établissement la science moderne vienne justifier la foi des temps passés, et que Pierrefonds soit, comme devant, le pays des eaux salutaires, et le rendez-vous des malades.

La fontaine de Saint-Sulpice n'était déjà presque plus fréquentée vers la fin du 18e siècle, soit que ses eaux eussent perdu leur mérite ou seulement leur crédit; d'ailleurs, elles n'ont été analysées ni avant ni après cette époque. Toutefois, il ne faut pas oublier que les maladies de la contrée étaient les fièvres intermittentes, entretenues endémiques par une végétation qui se développait au milieu des marais. C'était donc très-probablement des fièvres paludéennes que devaient guérir ces eaux. Ici toute maladie porte encore le nom vulgaire de *fièvres*.

Aujourd'hui, grâce aux progrès de l'industrie agricole, à la division des propriétés et aux efforts de l'homme qui, en vingt ans, on peut le dire, a renouvelé la face de ce pays, les fièvres paludéennes ont disparu, et l'eau qui les guérissait serait inutile. C'est le cas de dire : Dieu fait bien ce qu'il fait et même ce qu'il défait.

Toute étude d'une eau minérale commence naturellement par l'histoire de sa découverte. Vient ensuite sa présentation officielle à l'Académie de médecine, d'où sort, dans un rapport plus ou moins avantageux, l'analyse chimique qui classe l'eau en question parmi les médicaments.

Quant à l'histoire de la découverte des eaux sulfureuses de Pierrefonds, elle n'a rien de merveilleux. Le propriétaire actuel, nous l'avons dit ailleurs, faisant remuer le terrain à la partie supérieure de l'étang, vit un beau jour surgir une source, dont l'eau fraîche et limpide répandait une odeur peu en rapport avec ses deux premières qualités.

Tout autre que notre propriétaire aurait fait à l'instant combler le trou et refouler la source ; mais M. de Flubé, qui se demandait depuis vingt ans comment il pourrait vraiment régénérer cette population et enrichir cette contrée, s'écria aussitôt comme le philosophe des temps antiques : *je l'ai trouvé*.

En effet le moyen était trouvé.

Peu de jours après, le ministre de l'agriculture, auquel ressortissent les eaux minérales, recevait, en flacons scellés, l'eau sulfureuse de Pierrefonds, laquelle, transmise à l'Académie de médecine, devenait l'objet d'une étude scientifique, suivie d'une autorisation d'exploiter, pour le plus grand profit de l'humanité souffrante.

Cette étude porte des considérants qui la recommandent trop sérieusement à l'attention du médecin, pour que nous soyons assez engagé à la publier. La voici donc textuellement :

5.

Rapport académique.

ANALYSE D'UNE EAU SULFUREUSE NATURELLE,

DÉCOUVERTE A PIERREFONDS, PRÈS COMPIÈGNE, DÉPARTEMENT DE L'OISE.

Par M. O. Henry, membre de l'Académie de médecine et chef de ses travaux analytiques.

§. I.

« Le bourg de Pierrefonds, situé à trois lieues de Compiègne et au centre de la forêt du même nom, est célèbre, on le sait, tant par sa position pittoresque que par les belles ruines d'un château-fort, qui dominent le paysage et font l'attrait chaque année d'un grand nombre de curieux et d'artistes de tous les pays.

» La découverte d'une eau sulfureuse très-abondante qui vient d'être faite à Pierrefonds, va, nous n'en doutons pas, donner à cette contrée une célébrité nouvelle par l'importance que cette eau est appelée à acquérir dans ses usages et applications thérapeutiques.

» Voici comment cette découverte a eu lieu :

» M. de Flubé, propriétaire à Pierrefonds, avait remarqué depuis plusieurs années et en divers points de son parc, une odeur sulfureuse et plusieurs filets d'une eau qui blanchissait à l'air, et recouvrait de soufre les végétaux et autres objets qui se trouvaient sur son cours. Ces caractères lui semblaient indiquer l'existence de sources sulfureuses, lorsque l'année dernière des fouilles entreprises pour des travaux particuliers le mirent réellement sur la voie de cette eau dont l'existence est un fait aujourd'hui.

» Dans le but de s'assurer d'une manière positive de la composition chimique de cette eau minérale, M. de Flubé m'invita à me rendre à la source même pour l'analyser. Je souscrivis à sa demande, et c'est pendant un séjour de quelques jours, à Pierrefonds, que j'ai fait les expériences dont je vais plus loin donner les résultats.

» L'eau sulfureuse de Pierrefonds paraît former, à quelques pieds au-dessous du sol, une nappe d'une étendue considérable, dont les eaux doivent provenir d'un point éloigné.

» Les sources de Pierrefonds, comme celles d'Enghien, d'Uriage, de Chamounix, etc., doivent leur sulfuration à la réaction de matières organiques sur des sulfates, et se rangent parmi les *eaux hydrosulfatées hydrosulfuriquées-calcaires*. C'est, en effet, au milieu des détritus anciens d'un marais, que l'eau qui nous occupe se sulfure d'une manière non équivoque.

» Elle coule entre deux couches argileuses et se fait jour dans une étendue de plus de 300 pas, par *quatre* ouvertures dont les eaux ont la même nature et la même composition minérale ; ces jets proviennent évidemment de la même nappe souterraine. Le jet principal est conduit dans un puits assez vaste et d'une excellente construction.

§ II.

CARACTÈRES PHYSIQUES ET CHIMIQUES DE L'EAU SULFUREUSE DE PIERREFONDS.

» L'eau sulfureuse de Pierrefonds est d'une parfaite limpidité au sortir des pompes ; elle exhale d'abord une odeur d'*œufs couvés* ou mieux d'*œufs cuits*. Elle coule avec une abondance capable de suffire à un grand établissement.

» Sa température et de 9° 1/2 à 10° centigrades.

» Sa saveur est sulfureuse, mais sans arrière-goût désagréable ; elle est légère à l'estomac et très-facile à digérer.

» Exposée à l'air, elle développe son odeur d'une manière plus prononcée, louchit, prend une opacité bleuâtre, puis laiteuse et blanche. Dans ces phases diverses, elle dépose à la longue du soufre et *se dégénère* progressivement.

» L'ébullition en dégage du gaz sulfhydrique avec un peu d'acide carbonique, et le liquide se trouble, donnant lieu alors à sa surface à une pellicule blanche cristalline de carbonate calcaire avec des traces de soufre.

» Si l'on expose à l'air une pièce d'argent bien décapée au courant prolongé de cette eau, la pièce prend d'abord une teinte jaune d'or, puis vire au brun et enfin au noir. Mais si le contact n'a lieu qu'à l'abri de l'air et dans un bocal complétement plein et bien bouché avec soin, le métal de la pièce prend seulement une teinte brune très-légère.

» Le papier bleu de tournesol n'y vire pas sensiblement au rouge après un certain temps de contact. Le papier rouge y reprend peu à peu sa teinte bleue primitive. Le sirop de violettes faiblit en nuance et ne tarde pas à prendre une couleur verdâtre.

» Quant aux réactifs divers, ils accusent, dans cette eau sulfureuse intacte, la présence de chlorure, de sulfate, de carbonate, de la chaux, de la soude, de la potasse, de magnésie, du sulfure, d'acide sulfhydrique et d'une matière organique qui paraît réduire l'azotate d'argent qu'on met en contact avec elle.

» Enfin, le sulfhydromètre a été appliqué sur cette eau dans un grand nombre d'essais, faits à plusieurs jours de distance et à diverses heures de la journée; le degré obtenu a toujours été 7° 2/10, 7° 4/10, 6° 9/10 : terme moyen 7 degrés.

» Agitée avec de l'argent en poudre pendant 24 heures dans dans un vase tout à fait exempt d'air, l'eau sulfureuse marquait le lendemain au sulfhydromètre 5° 1/10 qui représente l'acide sulfhydrique combiné, les 1° 9/10 disparus correspondant à l'acide sulfhydrique libre.

» Le résultat de toutes mes expériences trop longues à décrire ici, m'a conduit à considérer l'eau minérale de Pierrefonds comme composée de la manière suivante :

» Pour 1,000 grammes d'eau prise au sortir du sol :
Savoir :

Substances volatiles.
- Azote............... } Fort peu
- Acide carbonique libre..
- Acide sulfurique libre.... 0,0022
- Sulfhydrate de chaux.... 0,0156

A reporter....... 0,0178

	Report..........	0,0178
Substances fixes..	Bicarbonates { de chaux.. de magné- sie	0,2100 0,0300
	Sulfate de chaux .... Sulfate de soude	0,0260
	Chlorures de soude et de magnésie............	0,0220
	Silice et albumine....... Sels de potasse .... Matière organique	0,0500
Eau pure		999,5556
		1000,

» C'est donc une eau minérale *hydrosulfatée hydrosulfuriquée calcaire*, qui doit prendre rang à côté de celles d'Enghien, d'Uriage, etc., toutes froides et formées dans des terrains ordinairement secondaires ou tertiaires par la sulfuration de sulfates primitifs au contact de certaines matières organiques.

» La richesse sulfureuse des eaux de Pierrefonds que nous avons reconnue, marque terme moyen 7 degrés, les rapproche sous ce point de vue de plusieurs sources sulfureuses des Pyrénées, telles que certaines de Baréges, Cauterets, Eaux-Bonnes, Saint-Sauveur, dont les degrés sulfhydrométriques, ne sont pas plus élevés; elles en surpassent même beaucoup d'autres des mêmes localités ou analogues, telles que celles d'Eaux Chaudes, des Bains d'Arles, etc., qui possèdent cependant des propriétés parfaitement constatées par une longue expérience.

» D'après la composition chimique de cette eau et les éléments qui la minéralisent, d'après les bons effets qu'elle a déjà produits, il n'est pas douteux qu'avec les avantages que présente un charmant pays, situé au milieu de la forêt de Compiègne, l'eau sulfureuse de Pierrefonds ne soit appelée à rendre de très-grands services à la médecine et ne devienne d'un immense intérêt pour l'endroit qui la possède.

» L'eau de Pierrefonds peut, mise en bouteille avec soin,

être expédiée au loin, de même qu'elle est aussi très-susceptible d'être chauffée sans détérioration dans des appareils scientifiquement appropriés.

» Paris, le 25 mai 1846.

» Signé : O. HENRY. »

Ce qu'il faut remarquer dans le texte de ce rapport et dans les chiffres de cette analyse, ce sont les traits de ressemblance ou d'analogie qui rapprochent les eaux de Pierrefonds des eaux de Bonnes dans les Pyrénées.

Quand on compare les eaux sulfureuses de Pierrefonds de celles d'Enghien, on les trouve, en effet, sur la précédente analyse, plus riches en principes sodiques ; or, la soude est probablement ce qui fait la spécificité des eaux sulfureuses de Bonnes dans le traitement des affections chroniques de la poitrine.

En second lieu, on voit que le degré sulfhydrométrique des eaux de Pierrefonds les rapproche encore de celles de Bonnes, les moins chargées de soufre de toutes celles des Pyrénées.

Enfin, M. le docteur Beaude, médecin inspecteur des établissements d'eaux minérales du département de la Seine, est venu joindre son témoignage à celui de l'organe de l'Académie impériale : voici, en effet, les paroles de ce médecin, dont l'opinion fait autorité dans la science.

« Déjà les eaux sulfureuses de Pierrefonds ont été appliquées d'une manière avantageuse à la thérapeutique. Moins chargées de soufre que celles d'Enghien, elles peuvent être employées dans beaucoup de cas où celles-ci seraient trop excitantes.

» *Les eaux de Pierrefonds enfin se rapprochent beaucoup dans leurs effets thérapeutiques des eaux de Bonnes;* aussi les emploie-t-on avec avantage dans les maladies des organes respiratoires, les catarrhes et les laryngites chroniques, les affections de l'estomac, des organes abdominaux, et les douleurs articulaires.

» L'eau de Pierrefonds, ajoute M. Beaude, paraît avoir réussi dans quelques maladies de la matrice et contre les dérangements de la menstruation. (Inutile de dire que comme sulfureuses elles s'adressent spécialement aux maladies de la peau.) D'ailleurs les bons effets de l'eau de Pierrefonds ne peuvent être qu'heureusement secondés par l'air pur et l'agrément de la situation qui est très-pittoresque et d'une parfaite salubrité. »

Ainsi s'exprime après M. O. Henry, M. le docteur Beaude touchant les propriétés spéciales et analogues des sulfureuses de Pierrefonds et de celles de Bonnes dans les Pyrénées. Cette donnée est trop importante et elle intéresse les départements septentrionaux a un trop haut degré, pour que nous négligions de noter des observations en conséquence desquelles les malades de la poitrine du Nord de la France seront désormais dispensés de faire ce long voyage du Midi qui nécessite presque un acclimatement. Nous espérons que les médecins auront égard à une pareille considération pour leurs clients, et qu'ils profiteront des avantages d'une proximité qui vient si providentiellement à leur aide.

Déjà, il faut le dire, la renommée des sulfureuses de Pierrefonds s'est faite entendre, et pour suffire aux exigences de la spécialité qui les désigne aux praticiens contre les affections des voies respiratoires, l'établissement vient d'édifier une *salle de respiration* fondée sur les derniers principes de la science moderne en matière d'exhalations pulmonaires.

Cette *salle de respiration* aux eaux de Pierrefonds mérite de fixer l'intelligence des médecins. Arrêtons-nous donc un instant sur ce sujet, ne fut-ce que pour faire voir l'importance de cette méthode de traitement hydrothermal, et la différence des anciennes salles de respiration qu'on trouve dans les établissements, et de celle qui existe tout récemment à l'établissement de Pierrefonds. Nous traiterons la question aussi brièvement qu'il sera possible pour en donner néanmoins une notion suffisante au médecin.

Une *salle de respiration*, comme le mot l'indique, est un espace clos dans lequel les malades de la poitrine sont introduits pour respirer, par séances, les émanations diverses de l'eau minérale, laquelle est le plus ordinairement d'essence sulfureuse.

Or, depuis les Romains jusqu'à nos jours, c'est par le moyen de la vaporisation que ces salles ont été remplies de l'eau à respirer, en un mot, c'est de la vapeur d'eau minérale qu'on a fait respirer aux poitrinaires et rien de plus.

Cependant qui dit vapeur d'eau minérale, dit eau distillée, les principes minéraux restaient donc au fond de la chaudière et trompaient le médecin qui, en y dirigeant leurs malades, pensait faire absorber les principes par la respiration. Ainsi vont les choses les plus simples durant des siècles jusqu'à ce qu'un homme vienne les dénoncer à la grande surprise de tout le monde.

C'est M. le baron Thenard, l'illustre chimiste de France, qui nous a dévoilé cette naïveté ; depuis ce jour, c'est à peine si on peut croire que les salles d'inhalation respiratoires aux eaux minérales aient été fondées sur le procédé de la vaporisation, laquelle n'en supprime que ses minéraux, c'est-à-dire tout ce qui est médicament.

Par bonheur Pierrefonds n'avait ni intérêt, ni préjugé, ni habitude à l'endroit des salles respiratoires ; et pour une bonne raison : établissement tout moderne, il n'avait pas encore de salle de respiration. Or, comme il importait à son amour-propre d'en avoir une, il la fit et la fonda sur les données les plus nouvelles de la science et de l'autorité. Si la vaporisation ne vaut rien pour faire inspirer les eaux sulfureuses, il faut trouver un autre moyen ; car il ne faut pas oublier que les pauvres malades du poumon, des bronches ou du larynx, n'ont plus d'autre ressource, durant la belle saison, que les eaux sulfureuses de Bonnes ou de Pierrefonds ; mais les sulfureuses, il faut les leur appliquer sur le mal lui-même selon le précepte de ce grand médecin qui a écrit que les poitrinaires ne sont jamais mieux traités que quand on leur fait respirer leur remède.

Le point de la question était donc de rendre l'eau sulfureuse respirable sans la vaporiser. On voit qu'il n'y avait pas d'autre moyen que celui de la briser et de la réduire par la division à l'état de poudre aqueuse. A cet effet, un appareil nouveau a été imaginé par le propriétaire des eaux, et l'eau minérale prise en nature par une pompe foulante, la divise en jets capillaires, lesquels se brisent chacun sur un disque solide, et remplissent l'atmosphère comme un brouillard au milieu duquel les malades viennent passer une heure par jour sous l'observation attentive du médecin de l'établissement.

Chacun comprend la différence qu'il y a de la molécule d'eau vaporisée à la molécule d'eau brisée ; celle-ci en effet n'étant qu'un fragment de l'eau minérale, doit en retenir tous les minéraux. La vapeur, au contraire, a laissé tous ces minéraux dans les vases où s'opère l'ébullition. De sorte que la poussière d'eau sulfureuse obtenue dans la salle de respiration de Pierrefonds-les-Bains est un véritable médicament au lieu d'une eau pure et distillée qui n'a jamais passé pour être médicamenteuse.

Le lecteur nous excusera d'avoir donné ce petit développement à la description de cet appareil, mais la salle de respiration, qui nous occupe, est une innovation si importante dans la médecine hydrothermale, que par le fait l'établissement de Pierrefonds devient une station d'eaux sulfureuses du premier ordre, et l'on peut dire désormais que les malades de la poitrine sont dispensés, et avec avantage, de recourir aux eaux de Bonnes, dont l'établissement, si renommé pourtant, ne possède pas encore une pareille salle de respiration.

Comme on le voit, les eaux minérales de Pierrefonds sont destinées à un bel avenir, le présent leur en répond déjà, puisque le village, malgré le zèle de ses petits propriétaires de maisons, et malgré la capacité de ses quatre grands hôtels, ne peut plus aujourd'hui contenir son riche personnel de baigneurs.

Nous ne serions pas flatté qu'on dît de Pierrefonds que ses eaux sont à la mode, pour en expliquer les succès actuels. Pierrefonds a la prétention d'être une station d'eaux minérales sérieuse à tous les titres. Ses étrangers sont des baigneurs, et ses baigneurs sont des malades. Les observations de cures publiées par le médecin-inspecteur, et l'estime dont il jouit auprès des grands médecins de Paris et des départements du nord de la France, prouvent que cet établissement mérite sa réputation et que sa vogue n'est que le prix des vertus de ses sources.

Il va sans dire que l'établissement thermal de Pierrefonds est complet et que les eaux y peuvent être administrées sous toutes les formes requises par l'art de guérir, en boisson, en bains, en douches variées, en vapeurs fumigatoires appropriées à l'état rhumatismal, et enfin, comme nous venons de le dire, en inhalations respiratoires contre les diverses maladies des organes de la respiration, depuis la plus simple laryngite jusqu'au catarrhe bronchique et à la tuberculisation phthisique elle-même.

ÉTABLISSEMENT
des Eaux minérales sulfureuses
DE PIERREFONDS.

TARIF GÉNÉRAL.

Bains sulfureux.

	fr.	c.
Sans linge............................	1	50
Avec linge (un peignoir et deux serviettes)...	2	»
De faveur, sans linge..................	1	»
— avec linge...................	1	25
D'indigence.........................	»	»
Bains de pieds.......................	»	50

Douches.

	fr.	c.
Sans linge...........................	2	50
Avec linge (un peignoir et quatre serviettes).	3	»
De faveur, sans linge..................	2	»

	fr.	c.
De faveur, avec linge	2	50
— ascendante.	1	»
D'indigence.	»	»

Vapeur sèche ou humide.

Le même prix que les douches.

Buvette.

	fr.	c.
Un verre bu à la source..................	»	10
La bouteille capsulée	»	60
Sans le verre.	»	30
Boisson par abonnement, le mois..........	3	»

Linge.

	fr.	c.
Un fond de bain	»	25
Un peignoir.........................	»	20
Une serviette........................	»	10
Un lit de repos, couverte, serviette	»	50
Chaise à porteurs	»	50
Bonnet.............................	»	10
On se charge du linge appartenant aux baigneurs, moyennant par bain	»	20
Au mois, par abonnement..............	4	»

SALLE DE RESPIRATION

pour les personnes affectées de la poitrine (1).

	f.	c.
Séance pour une personne..............	1	25
Habillement du malade	»	50

(1) Voir ci-devant la description de cette *salle de respiration*, page 64.

Il y a deux séances matin et soir pour dix malades chacune.

Aucun dépôt n'est fait en province, on expédie des Sources ou de Paris, rue J.-J. Rousseau, 12, maison GUITEL-ESEBECK.

On expédie de la Source les bouteilles d'eau de Pierrefonds dans tous les départements.

RÈGLEMENT DES BAINS.

La durée d'un bain est d'une heure; les personnes qui désirent y rester davantage paieront un franc en plus.

On ne doit pas couler un second bain; dans ce cas, on paiera double.

Il est défendu de se mettre deux dans la même baignoire, ni l'un après l'autre.

La douche chaude ou froide ne doit durer que cinq à quinze minutes suivant la force du jet, et attendu que cette durée plus ou moins longue importe beaucoup à son efficacité, les malades sont priés d'en référer à leur médecin.

On peut réchauffer ou refroidir l'eau reçue dans la baignoire de la douche, mais non pas la renouveler, à moins de payer un franc en plus.

Nota. Il est dû aux personnes de service :

Par bain.............. 15 centimes.
Par douche.......... 35 centimes.

Beauvais. — Imprimerie de C. Moisand,
rue des Flageots, 15.

www.ingramcontent.com/pod-product-compliance
Lightning Source LLC
LaVergne TN
LVHW051502090426
835512LV00010B/2293